中央高校基本科研业务费
Fundamental Research Funds for

U0636440

赵 茜 著

人民币外汇市场压力：
成因、趋势和应对

——基于中国高水平开放视角的研究

The Causes, Trends and Coping Strategies of
RMB Exchange Market Pressure:
a Study Based on China's High Level Opening-up Environment

中国财经出版传媒集团

经济科学出版社
Economic Science Press

图书在版编目（CIP）数据

人民币外汇市场压力：成因、趋势和应对：基于中国
高水平开放视角的研究/赵茜著. —北京：经济科学
出版社，2017.11
ISBN 978 - 7 - 5141 - 8829 - 5

Ⅰ.①人… Ⅱ.①赵… Ⅲ.①人民币业务 - 外汇
市场 - 研究 - 中国 Ⅳ.①F832.2 ②F832.52

中国版本图书馆 CIP 数据核字（2017）第 313899 号

责任编辑：王　娟　张　萌
责任校对：刘　昕
责任印制：邱　天

人民币外汇市场压力：成因、趋势和应对
——基于中国高水平开放视角的研究
赵　茜　著
经济科学出版社出版、发行　新华书店经销
社址：北京市海淀区阜成路甲 28 号　邮编：100142
总编部电话：010 - 88191217　发行部电话：010 - 88191522
网址：www. esp. com. cn
电子邮件：esp@ esp. com. cn
天猫网店：经济科学出版社旗舰店
网址：http：//jjkxcbs. tmall. com
北京季蜂印刷有限公司印装
710 × 1000　16 开　13 印张　220000 字
2017 年 12 月第 1 版　2017 年 12 月第 1 次印刷
ISBN 978 - 7 - 5141 - 8829 - 5　定价：49.00 元
（图书出现印装问题，本社负责调换。电话：010 - 88191510）
（版权所有　侵权必究　举报电话：010 - 88191586
电子邮箱：dbts@ esp. com. cn）

序

　　作为赵茜博士的导师，我很欣喜地看到她的这本专著顺利出版。如何加强外汇市场压力的应对与有效管理是全球金融危机后中国所面临的重要问题，也是中国在后危机时代推动实施高水平开放战略、深度参与全球秩序重构所必须面对与解决的重大问题。自 2008 年金融危机以来，世界经济出现显著变化，美国、欧盟等发达经济体遭受重创，经济恢复迟缓，而以中国为代表的新兴市场国家则在综合实力显著增长的过程中，通过成立金砖国家组织、亚投行等决策部署，以崭新的面貌投入后危机时代的全球经济复苏与重建当中。其中，中国政府适时提出了"高水平对外开放战略"，在加强和改善宏观调控的同时，推动中国的全面开放，以负责任的大国姿态积极融入世界并参与全球经济秩序重构。截至 2016 年底，中国已成为世界第一大贸易国、第一大吸收外资国，为世界经济的恢复与发展做出了巨大贡献。

　　然而，伴随着经济不断开放、资本项目进一步放开管制，中国经济与世界经济联动性不断增强，人民币汇率在各方因素的影响下也开始愈加频繁地波动，如何管理外汇市场压力开始成为一个引人注目的新问题。2008 年金融危机后，人民币兑美元汇率一度面临较高的升值压力，从危机前的 7.31 持续升值至 6.12，升值高达 16.28%；而在"8.11"汇改之后却又历经一段持续的贬值时期，截至 2017 年 5 月，汇率贬值至 6.863，贬值幅度达到 12.14%。人民币汇率的这种较大幅度的变化与外汇市场压力的积累、释放直接相关。在当前逆全球化思潮涌动、恐怖主义威胁蔓延、地区冲突频发的背景之下，外汇市场压力的影响因素日趋增多且更加复杂，由其所带来的汇率变动风险已日渐成为一个影响经济稳定和发展的重要问题。因此，如何有效地管理和应对外汇市场压力，继续坚定不移地贯彻实施"高水平对外开放战略"，推动自由贸易区建设、"一带一路"倡议和资本账户开放等各方面进程，不仅考验着中国的智慧，更考验着中国能否承担起与世界各国携手努力、共渡难关的大国责任和担当，因而有必要对以上问题进行深入的探讨和研究。

赵茜博士的这一著作，能够为决策者理解外汇市场压力的特点提供一种全面而系统的思路和相应的理论支持，同时也可以为央行选择合适的干预政策进行审慎监管、管控汇率风险提供有益参考。赵茜博士在厦门大学经济学院金融系就读期间，勤奋刻苦、笔耕不辍，她先后在《管理世界》《经济学动态》《国际金融研究》等杂志上发表了数篇高质量、有创见的论文，对国际金融理论与政策有着深入的研究和独到的见解，表现出了很高的理论水平和突出的研究能力。2014 年，她获得国家留学基金委资助，公派赴加拿大西安大略大学经济系进行联合培养，进一步开阔了视野，提升了能力。这本专著是赵茜博士在学期间研究成果的集萃和精华，也是她多年对金融理论问题与中国金融改革实践思考、观察的心血之作。她在广泛阅读中外文献的基础上，结合中国推动高水平对外开放的现实背景，对人民币外汇市场压力的成因、特点和趋势进行了深入的思考与研究，经过反复推敲、讨论修改及润色，终定其稿。作为老师，我祝贺赵茜博士论文的顺利出版，也希望这本著作能给研究人员在准确、及时识别新时期人民币外汇市场压力的特点和规律等方面带来帮助，同时也希冀这本专著能激发更多感兴趣的读者深入探讨、研究我国新时期高水平开放进程中的人民币外汇市场压力及其他相关的重要问题，为央行维护外汇市场稳定、提高市场运作与管理效率建言献策，推动中国在后危机时代全球经济秩序的重建中发挥更为重要的价值和引领作用。

朱孟楠

2017 年 6 月于厦门大学经济学院

前　言

　　外汇市场压力，通常是指在理性预期的假设下，如果货币当局不干预外汇市场，汇率可能发生的变动。虽然外汇市场压力与汇率的变动息息相关，但由于货币当局用以稳定汇率的措施有可能会掩盖外汇市场压力，因而外汇市场压力往往具有隐蔽性，不易被及时觉察和应对，其一旦在特定的时机下积聚并爆发，也就往往会给汇率乃至经济带来更大的冲击。近年来，伴随着世界经济的持续震荡和各国债务危机的频发，各界开始重新审视外汇市场压力的潜在风险，探讨其成因、趋势以及应对策略也就成为后金融危机时代亟待探讨和解决的重大理论与现实问题。

　　然而遗憾的是，现有的研究对中国的关注一直都存在着显著的不足。学者们不仅对人民币外汇市场压力的探讨很不充分，而且也没有关注到中国正着力推动的"高水平对外开放"对外汇市场压力的影响。高水平对外开放是中国经济发展与改革开放进入新阶段后的一项重要国家战略和政策。早在2012年12月的中央经济工作会议上，习近平同志就强调，"必须实施更为积极主动的对外开放战略，全面提升开放型经济水平"；第十二届全国人大二次会议政府工作报告中也明确提出，要"开创高水平对外开放的新局面"。在这一系列政策方针的指导下，中国开展了设立自由贸易区、加速人民币国际化、深化资本账户开放等一系列举措并适时提出了"一带一路"的国际倡议，从而将对外开放推向了一个新的发展阶段，融入世界经济的步伐也显著加快。

　　那么，中国的高水平对外开放战略究竟对人民币外汇市场压力的成因及变化趋势有哪些影响？又会导致外汇市场压力的应对策略如何变化呢？本书将通过建立一个系统而全面的分析框架，尝试对上述问题进行解答。在高水平对外开放战略推进的进程中，一方面，人民币的外汇市场压力将会因资本与贸易的双向流动变得更加复杂，表现为人民币外汇市场压力的影响因素更趋多样，影响渠道也更为广泛；另一方面，各种因素也不再是通过单一途径影响人民币外汇市场的压力，而往往是通过多种途径发挥作用。这两方面的综合影响就决定了中央银行所面临的汇率风险较以往更为复杂，必须在一个更加开放、更加复杂的环境下，使用更为有效、更有针对性的干预手段应对不利的外汇市场压力。因此，现阶段以中国高水平对外开放为视角开展人民币外汇市场压力的成因、趋势以及应对等问题的研究，既是弥补现有研究缺憾、充实基础性理论工作的需要，同时也是新时期下政府防控风险、进行相关经济决策的内在要求。

与现有研究相比，本书在研究视角、研究内容和研究方法上都有所创新和突破。从研究视角上看，本书选取了高水平对外开放这一视角进行研究，补充了已有研究对外汇市场环境关注的不足。同时，本书还将人民币外汇市场压力的研究视角延伸到政治领域，拓展了外汇市场压力的非经济因素方面的研究视角。而从研究内容上看，本书对外汇市场压力的国际政治动因以及央行扩大汇率弹性区间的政策有效性等内容进行了深入分析，有效弥补了现有研究在这些领域的研究不足。最后，从研究方法上来看，与现有研究多进行实证分析所不同，本书构建了部分均衡资产选择模型、政治周期政策选择模型等多个理论模型，从而有效地弥补了现有研究在方法上的不足，丰富了相关领域的研究手段。

本书将通过全面地分析人民币外汇市场压力的成因、趋势以及应对三个方面的内容，对人民币外汇市场压力进行系统而深入的探讨，各部分和章节的主要内容概述如下。

第一部分为绪论，包括第一章和第二章。第一章主要介绍研究背景及意义、外汇市场压力的含义及研究现状、本书的编写思路和主要创新。第二章则介绍高水平对外开放战略的内涵及其对外汇市场压力和央行干预的影响。

第二部分研究高水平对外开放进程中，影响人民币外汇市场压力的经济动因和政治动因，包括第三章和第四章。第三章主要介绍在高水平对外开放进程中，经济因素对外汇市场压力的影响，主要包括国内经济因素和国际经济冲击的影响。第四章则主要介绍了政治因素对外汇市场压力的影响，包括国内政治因素和国际政治冲击的影响。

第三部分研究在高水平对外开放进程中，人民币外汇市场压力不同于以往的变化趋势，包括第五章至第七章。探讨外汇市场压力变化趋势的首要问题是如何测算外汇市场压力，第五章就主要对这一问题进行了讨论。而由于中国高水平对外开放包含人民币国际化和资本账户开放两大重要内容，因此第六章和第七章分别从这两个视角，运用实证分析的手段，揭示高水平对外开放下人民币外汇市场压力的变化特点和趋势。

第四部分研究高水平对外开放进程中，央行对人民币外汇市场压力的干预手段和效果，包括第八章至第十章。第八章主要阐释中央银行外汇干预的目标、干预政策与传导机制，第九章则通过实证分析比较了中央银行的直接干预和间接干预政策对人民币外汇市场压力的干预效果，第十章则提出了央行在高水平开放进程中应对不利的人民币外汇市场压力、进行外汇市场干预的相关政策建议。

伴随着中国高水平对外开放战略的推进，中国经济与世界的联动性进一步增强，参与全球经济秩序重构的程度也进一步加深。因此，如何管控高水平开放进程中外汇市场压力的潜在风险就成为新时期央行调控所面临的新的挑战。本书希望通过探讨外汇市场压力的成因、趋势以及应对，为决策者理解外汇市场压力的特点提供一种全面而系统的思路和相应的理论支持，同时也为央行选择合适的干预政策进行审慎监管、管控汇率风险提供有益参考，进而助力高水平开放战略的进一步发展，推动中国在后危机时代全球经济秩序重建中发挥更为重要的价值和作用。

目　　录

第一部分　绪论

第一章　外汇市场压力的问题由来 ················· 3

　第一节　研究背景及意义 ······················· 3
　第二节　外汇市场压力的含义及研究现状 ·········· 6
　第三节　研究框架、篇章结构与研究方法 ·········· 15
　第四节　主要创新 ··························· 18

第二章　高水平对外开放中的外汇市场压力概述 ········ 22

　第一节　高水平对外开放战略概述 ··············· 22
　第二节　高水平对外开放下人民币外汇市场压力的新特点 ········ 26
　第三节　高水平对外开放下央行对外汇市场压力干预的新变化 ·· 28
　本章小结 ································· 30

第二部分　高水平对外开放下人民币外汇市场压力的成因分析

第三章　国内经济压力及国际经济冲击 ············· 35

　第一节　人民币外汇市场压力的经济来源 ··········· 35
　第二节　国内经济因素对外汇市场压力的传导渠道及传导效果
　　　　　分析 ······························· 37

第三节　国际经济冲击对人民币外汇市场压力的影响分析 ……… 43

本章小结 …………………………………………………………… 58

第四章　国内政治生态与国际政治冲击 …………………………… 59

第一节　人民币汇率变动的政治压力概述 ……………………… 59

第二节　国内政治因素对外汇市场压力的传导渠道及传导
效果 …………………………………………………… 61

第三节　国际政治冲击对人民币外汇市场压力的影响：以美国
政治周期政策选择模型为例 ………………………… 71

本章小结 …………………………………………………………… 82

第三部分　高水平对外开放下人民币
外汇市场压力的变化趋势

第五章　外汇市场压力的衡量指标与测算 ………………………… 85

第一节　模型依赖的外汇市场压力衡量指标与测算方法 ……… 85

第二节　非模型依赖的外汇市场压力衡量指标与测算方法 …… 89

第三节　人民币外汇市场压力指标构建与测算 ………………… 90

本章小结 …………………………………………………………… 94

第六章　人民币国际化加速对外汇市场压力的影响 ……………… 95

第一节　人民币国际化的发展进程 ……………………………… 95

第二节　人民币国际化影响人民币外汇市场压力的传导渠道 … 96

第三节　人民币国际化影响人民币外汇市场压力的实证分析：
单期视角 ……………………………………………… 97

第四节　人民币国际化影响人民币外汇市场压力的实证分析：
动态视角 ……………………………………………… 104

第五节　货币国际化与外汇市场压力关系的国际比较：以美元和
日元为例 ……………………………………………… 112

本章小结 …………………………………………………………… 113

第七章　资本账户开放对外汇市场压力的影响 …………… 115

第一节　资本账户开放对人民币外汇市场压力的传导渠道
　　　　分析 …………………………………………………… 115

第二节　资本账户开放的度量指标研究 ………………… 116

第三节　资本账户开放对人民币外汇市场压力的影响 ……… 123

本章小结 ……………………………………………… 131

第四部分　高水平对外开放下人民币外汇市场压力的干预与应对

第八章　央行外汇市场干预的目标、政策与传导机制 ……… 135

第一节　动态视角下央行干预外汇市场的目标 ………… 135

第二节　央行应对外汇市场压力的干预政策 …………… 144

本章小结 ……………………………………………… 151

第九章　我国央行干预政策效果的实证分析 …………… 152

第一节　央行直接干预行为对外汇市场压力的影响 ……… 152

第二节　央行间接干预行为对外汇市场压力的影响——以扩大
　　　　人民币汇率弹性区间为例 …………………………… 159

本章小结 ……………………………………………… 163

第十章　央行政策选择建议 …………………………… 164

第一节　关于外汇干预的政策建议 ……………………… 164

第二节　关于政策搭配的政策建议 ……………………… 167

附录　美国政治周期对人民币汇率影响的实证分析 ……… 170

参考文献 ……………………………………………… 180

后记 …………………………………………………… 193

第一部分　绪　　论

第一章

外汇市场压力的问题由来

第一节　研究背景及意义

　　自 2008 年全球金融危机爆发以来，以欧美为主的西方国家迟迟未能从危机中复苏，而新兴市场国家，特别是中国却始终保持着稳健的增长态势，经济实力进一步增强。这一此消彼长的态势使得世界的经济格局正发生着深刻变化，全球经济也因此正酝酿着秩序的重构，经济全球化进程也在这种动荡的环境中进一步发展。在这一背景之下，中国通过设立自由贸易区、首倡亚投行①设立、加速人民币国际化②、深化资本账户开放等一系列举措进一步加快融入世界经济的脚步，将促进"高水平对外开放"列为重要的发展方向。在 2012 年 12 月的中央经济工作会议上，习近平同志就强调，"必须实施更为积极主动的对外开放战略，全面提升开放型经济水平"，第十二届全国人大二次会议政府工作报告中也明确提出，要"开创高水平对外开放的新局面"。2015 年中央经济工作会议公报更是特别指出"扩大对外开放，要更加注重推动高水平双向开放"。在这一系列政策方针的指导下，中国的对外开放已进入了一个新的发展阶段。截至 2015 年底，中国已成为世界第一大贸易国、第二大吸收外资国、第一大外汇储备国。可见，中国的高水平对外开放战略效果显著，对外开放的程度显著

---

　　① 亚洲基础设施投资银行，简称亚投行，由中国提出筹建倡议而设立。
　　② 人民币国际化是指人民币能够跨越国界，在境外流通，成为国际上普遍认可的国际贸易、国际投融资的计价、结算货币以及重要的国际储备货币的过程。人民币国际化是我国 21 世纪最重要的国家战略之一。人民币成为国际贸易结算货币可以进一步促进我国对外贸易，而人民币对外投融资业务的拓展将为我国开辟新的资金来源渠道、缓解对外投资的资金约束、促进对内引资与对外投资，从而人民币国际化是我国高水平对外开放的内在要求。

提高。

　　然而，伴随着中国高水平开放进程而来的，不仅是中国经济地位的改善，还有外汇市场压力的变幻莫测和人民币汇率市场的频繁波动。通常，外汇市场压力是指，在理性预期的假设下，如果货币当局不干预外汇市场，汇率可能发生的变动。对于人民币来讲，外汇市场压力是指在中央银行未进行任何干预之前人民币汇率可能发生的变动①，这就意味着，人民币汇率稳定并不代表人民币汇率未承受变化的压力，而是该压力很可能被央行的外汇干预手段掩盖了。事实上，高水平开放进程中人民币的外汇市场压力将会随着资本与贸易的双向流动变得更加复杂，表现为人民币外汇市场压力的影响因素更趋多样，影响渠道也更为广泛。从经济领域来看，不仅国内宏观经济基础和微观投资者的外汇买卖活动会对人民币汇率变动产生压力，国际上大宗商品价格波动、金融资产价格变化等国际经济因素也日渐对人民币产生深刻的影响②；而从非经济领域看，政治、文化、国际炒家投机炒作等都会给人民币汇率变动带来压力，特别是政治领域，近年来国际上日益关注人民币汇率，要求人民币升值及人民币更加市场化的政治压力不绝于耳，该压力在美国政治选举或经济低迷时期尤为明显。与此同时，在高水平的开放进程中，上述各因素也不再是通过单一途径影响人民币外汇市场的压力，而往往是通过多种途径发挥作用，影响更为复杂。例如，在过去资本账户管制较为严格的时期，国际油价的变动更多的是通过影响进出口贸易给人民币带来币值变动压力，影响较小。但随着我国资本账户的逐步开放以及离岸人民币市场的扩张，国际油价的大起大落不仅可以通过贸易渠道更可以通过资本渠道影响其他资产价格变动以及投资者预期，进而影响外汇市场压力。这种影响因素和途径的双重复杂使得高水平开放的进程中，各种因素更加直接、迅速而深刻地给人民币币值变动带来压力，使人民币汇率的变动更为急剧、剧烈。以 2015 年为例，全年人民币兑美元中间价的贬值幅度就达 5.87%，从年初的 6.12 贬值为年末的 6.49，波动也较往年更加剧烈。这一情势就给我国央行的外汇管理提出了新的挑战，突出表现为央行需在更加开放的环境下、使用更为有效的干预手段应对外汇市场压力，防范汇率风险，防止汇率的大起大落超出经

---

　　① 按变动方向划分，外汇市场压力分为升值压力和贬值压力。
　　② 在过去资本账户管制较为严格的时期，"隔离墙"的存在使得人民币汇率较少受到国际因素的影响。但随着我国资本账户的逐步开放以及离岸人民币市场的扩张，人民币不仅受到国内压力因素的影响，也日益承受着国际上诸多因素的压力。

济承受范围，以推动高水平开放过程中的中国经济快速而健康的成长。

那么，在中国高水平对外开放战略的指导下，人民币外汇市场压力究竟呈现出怎样的特点或规律？央行又应该如何进行相应的政策选择呢？综观现有的研究文献，虽然学者们对外汇市场压力和央行干预有所探讨，但在开放进程中对这一问题的考察却远远不够。而中国推进高水平开放进程的现实背景却决定了央行的政策选择亟待这方面的研究给予理论与研究支持。因此，现阶段有必要从高水平开放的视角深入分析人民币外汇市场压力的成因、趋势和应对策略，从而在弥补现有研究缺憾的同时，也为新时期下的政府决策提供必要的理论支撑和相应建议。本书基于中国高水平对外开放的经济背景，探究人民币外汇市场压力的影响因素、作用机制和变化特点，并将对央行的外汇管理政策效果进行评析，以期能对上述问题给予解答并提出相应建议。

综合来看，研究高水平开放进程中的人民币外汇市场压力具有如下几个方面的重要现实意义。

第一，外汇市场压力是汇率变化的原因，但货币当局的干预操作往往会吸收部分甚至全部外汇市场压力以维持汇率的稳定，从而使我们难以从汇率的实际变动来分析汇率风险的潜在根源，影响了我们应对汇率风险的及时性和行动力[1]，而直接研究外汇市场压力，有助于我们全面掌握引起汇率变动的原因，为依据汇率而进行的投资、经营决策等提供参考。

第二，研究高水平对外开放进程中人民币面临的外汇市场压力及其传导渠道和变化趋势，有利于央行准确把握不断变化的内外部经济环境，及时选择更为有效的干预手段来纠正由于市场失灵和国际投机资本冲击所形成的市场汇率的非正常波动，从而避免其给一国宏观经济造成的负面影响。

第三，研究高水平对外开放进程中的外汇市场压力，有利于为人民币汇率形成机制改革提供有益的参考。随着人民币国际化的推进、资本账户开放的进行以及我国人民币汇率形成机制改革的进行，央行应如何处理汇率市场化程度与央行干预力度的关系、运用合适的调控政策防范或吸收不利的外汇市场压力、防范金融风险，是央行在高水平开放时期面临的重大问题。通过研究高水平开放时期人民币外汇市场压力的新特点、变化趋势以及央行不同干预政策的作用效果，有利于为央行选择合适的干预政策有效管理汇率、进行审慎监管、推动外汇市场体系建设提供参考，进而有利

---

① 外汇市场压力由于具有隐蔽性、不易被及时觉察和应对，因此一旦在特定的时机下积聚并爆发，往往会给经济带来更大冲击，1997 年爆发的东南亚金融危机便是例证。

于提升人民币的国际地位。

第二节 外汇市场压力的含义及研究现状

一、外汇市场压力的含义

外汇市场压力通常是指，在理性预期的假设下，如果货币当局不干预外汇市场，汇率可能发生的变动。因此，外汇市场压力是汇率发生变化的潜在原因和推动力。特别地，在完全浮动汇率制度下，汇率的变化将完全反映外汇市场压力的大小和方向。

但是，外汇市场压力却并不一定引起汇率发生变动。在固定汇率制度或中间汇率制度下，一国货币当局可以通过外汇市场干预等操作"吸收"部分外汇市场压力，使压力只有部分表现为名义汇率的变动，另一部分则表现在货币当局的干预工具的变化上（见图1－1）。例如，如果中央银行动用外汇储备在外汇市场上进行干预，以期吸收部分本币升值压力，那么中央银行的操作将是买入外汇、卖出本币，从而外汇市场压力将不再全部表现为本币升值，而是有一部分表现为外汇储备的增加。除动用外汇储备吸收外汇市场压力之外，中央银行也可以通过调整利率或进行外汇管制等影响外汇市场压力。

图1－1 外汇市场压力、央行干预与汇率变动关系

因此，外汇市场压力＝实际观察到的汇率变动＋央行干预抵消的汇率变动。外汇市场压力的产生是名义汇率发生变化的源泉，但并不一定导致名义汇率的变化。名义汇率的变化是外汇市场压力和货币当局进行外汇市场干预共同作用的结果。当央行进行大规模、有效的外汇市场干预时，有可能会吸收全部外汇市场压力，维持汇率的稳定。

二、外汇市场压力的相关文献综述

（一）外汇市场压力理论的提出

外汇市场压力（exchange market pressure）最早由格顿和罗珀（Girton and Roper，1977）[1]在著名经济学刊物《美国经济评论》中提出，他们以外汇市场压力来表示货币市场的失衡程度，认为这种失衡必须以名义汇率变化或外汇储备变化予以调整。按照他们设定的模型推导，外汇市场压力等于名义汇率变化率加上外汇储备变化占基础货币的百分比。但是，由于这一外汇市场压力的定义依赖于特定的模型推导，因此具有较大的局限性。

韦马克（Weymark，1998）[2]对格顿和罗珀（1977）提出的外汇市场压力概念进行了拓展，提出了外汇市场压力的一般性定义，并被广泛采用。外汇市场压力是指，在货币当局干预外汇市场之前，国际上对本国货币的超额需求带来的名义汇率的变化。此处，超额需求指的是在现行汇率水平下，外国对本国商品和资产的购买大于本国对外国商品和资产购买所产生的对本国货币的额外需求。当国际上本国的货币需求数量发生变化时，如果没有货币当局的外汇干预（即在自由浮动汇率制度下），那么这种变化将完全表现在两国货币汇率的变化上；在固定汇率制度下，这种变化将主要反映在外汇储备的变化上（因为货币当局通常以动用储备买卖外汇的方式保持汇率稳定）；而在中间汇率制度下，国际上对本国货币的超额需求同时表现在汇率变化、储备变化和货币当局其他干预汇率变化的工具上。按变动方向划分，外汇市场压力分为升值压力与贬值压力。

在外汇市场压力概念提出之后，学界对外汇市场压力进行了多方面研究，早期的研究主要包括外汇市场压力与货币政策关系研究、外汇市场压力与货币危机关系研究、外汇市场压力的测算方法研究等。近年来，外汇市场压力与央行干预有效性的研究、外汇市场压力与其他经济变量关系的研究开始受到较多关注；同时，随着新政治经济学的兴起，对外汇市场压力的政治来源研究也开始受到关注，成为新的研究领域。下面将分类对外汇市场压力的相关文献进行综述。

（二）外汇市场压力与货币政策关系研究

作为货币市场失衡程度的一种度量方法，外汇市场压力与一国货币政策间存在密切关系。一方面，货币政策的实施会增强或削弱外汇市场压力；另一方面，外汇市场压力的不利变化也在客观上要求货币当局及时做出反应、调整货币政策，以调节市场失衡、防范货币风险。国外对货币政策与外汇市场压力关系的研究视角较为一致，使用不同国家数据得出的结论也较为相似。例如，坦纳（Tanner，2002）[3] 以中央银行的国内信贷和利差作为货币政策的代理变量，研究了 32 个新兴市场国家的货币政策与外汇市场压力之间的关系，研究发现：货币政策对外汇市场压力具有显著影响，紧缩性货币政策有利于降低本币贬值压力。戈绍科 - 包蒂斯塔和包蒂斯塔（Gochoco - Bautista and Bautista，2005）[4] 研究了菲律宾货币当局如何对于外汇市场压力做出反应，同时还检验了紧缩性的货币政策减轻外汇市场压力的有效性，研究结果也表明，紧缩性货币政策有效地减轻了本币贬值压力。潘迪（Panday，2015）[5]、菲尔多和比克培（Fiador and Biekpe，2015）[6] 的研究也都支持这一结论，其中潘迪（2015）使用国内信贷作为政策变量，研究了尼泊尔货币政策对外汇市场压力的影响，实证结果表明，货币政策与外汇市场压力有稳定的关系；菲尔多和比克培（2015）使用动态面板数据模型检验了非洲南部国家货币政策与外汇市场压力的关系，实证发现紧缩性货币政策可以显著减轻本币的贬值压力，从而货币政策在缓解货币危机方面可以起到很好的作用。

国内研究方面，由于我国长期顺差，人民币兑美元大多时段保持升值，没有出现货币危机，因此国内直接研究货币政策与人民币外汇市场压力关系的文章比较少见，但有相当数量的研究侧重于分析国内外货币政策与人民币汇率之间的关系。例如，齐晓楠和成思危等（2013）[7] 建立了中国经济联系方程系统并通过政策模拟发现，美国第二轮量化宽松政策（Q2）在中长期内加剧了人民币的升值压力。

（三）外汇市场压力与货币危机关系研究

由于外汇市场压力反映了一国货币市场失衡的程度，而货币市场的严重失衡是导致货币危机的原因，因此国外有不少文献从货币危机的预警和应对视角研究外汇市场压力。卜卜拉和奥科 - 罗布（Bubula and Otker - Robe，2003）[8] 以外汇市场压力作为测度货币危机的指标，对 1990～2001 年发生的货币危机进行了研究，旨在得出何种类型的汇率制度容易爆发货币危机，研究结果显示，固定汇率制度比浮动汇率制度更容易爆发货币危机；龚等（Gong et al.，2004）[9] 以外汇市场压力作为测度货币危机的变量，利用 1990~1998 年亚洲金融市场的相关数据，对金融危机传导的特征和主要传导渠道进行了研究；安格金南德等（Angkinand et al.，2009）[10]、邱和威利特（Chiu and Willett，2009）[11]也将外汇市场压力指数作为测度货币危机的指标，对不同汇率制度国家发生危机的可能性进行了相关研究。与以往的研究不同，费尔德基希等（Feldkircher et al.，2014）[12]不仅将外汇市场压力作为危机预警指标，而且深入剖析了引起外汇市场压力变化的原因，他们使用 149 个国家的 58 个指标，分析了引起外汇市场压力变化的事前指标，研究表明：价格稳定性是外汇市场压力的决定性因素，特别地，危机前通货膨胀水平很高的国家的货币通常会遭受更大的贬值压力，此外，外汇储备较多的国家的货币通常波动压力更小。

国内研究方面，由于我国外汇储备充足、具有足够的应对货币危机的实力，因此关于外汇市场压力与货币危机关系的研究并不多见，比较有代表性的是刘莉亚和任若恩（2003）[13]，他们使用外汇市场压力作为货币危机的预警指标，以 1975~2000 年 53 个国家的货币危机为研究样本，实证分析了货币危机与银行危机的互动关系。尽管国内从外汇市场压力角度研究货币危机的并不多，但是国内普遍认可外汇市场压力对预判货币危机的重要性。靳玉英等（2013）[14]就指出，由于货币当局的干预操作的存在，致使外汇市场压力没有完全表现为汇率的变化，但是这种被掩盖的汇率变化压力具有隐蔽性，不易被及时觉察和应对，往往会给经济带来更大冲击。

（四）外汇市场压力的测算方法研究

传统的外汇市场压力测算方法可以分为两类：模型依赖的测算方法及非模型依赖的测算方法。在模型依赖方法上，格顿和罗珀（1977）通过一个国际收支货币模型最早提出了外汇市场压力的思想，提出外汇市场压力可以统一表示为汇率变化和外汇储备变化之和。韦马克（1998）在格顿和罗珀（1977）研究的基础上，提出了关于外汇市场压力的一般性定义，并根据定义将外汇市场压力表示为汇率变化加上外汇储备变化与弹性系数之积，其中，弹性系数依赖于特定模型的推导。

由于模型依赖的外汇市场压力测算依赖于特定的模型，具有局限性，因而艾肯格林等（Eichengreen et al.，1996）[15]较早提出了一种相对简单的、不依赖特定模型设定的外汇市场压力指数，称为非模型依赖的外汇市场压力指数，它是双边汇率收益率之差、双边利差以及国际储备变化百分比的加权平均，与韦马克（1998）提出的模型依赖的外汇市场压力不同，在艾肯格林等（1996）构建的指标当中，三个要素之间的权重是它们各自的标准差。

近年来，国外关于外汇市场压力指数的测算方法的研究仍在继续，范珀克（Van Poeck，2007）[16]、克拉森和雅格（Klaassen and Jager，2006[17]，2011[18]）、海纳吉等（Hegerty et al.，2014）[19]借鉴艾肯格林的方法，在艾肯格林等（1996）构建的指标基础上做了适当变形，构建了包含双边利差在内的外汇市场压力指数。例如，克拉森和雅格（2011）指出过去的外汇市场压力度量指标并不能很好地反映外汇市场压力的定义，故而他们重新构建货币汇率模型，推导出一种"模型一致"的外汇市场压力测度方法，他们的方法与过去不同之处在于，利差项没有采用一阶差分的形式。在确定 EMP 指数成分方面，也有不少研究并没有将利差项包括在内，而是仅以汇率变化和外汇储备变化来测度外汇市场压力（Kaminsky and Reinhar，1999[20]；Fiess and Shankar，2009[21]；Erten and Ocampo，2013[22]）。这种方法通常用于测度新兴市场国家的外汇市场压力，这是因为新兴市场国家利率市场化程度较低、利率波动不频繁，央行也较少使用利率手段吸收外汇市场压力。

（五）外汇市场压力与央行干预①有效性研究

国外关于央行干预有效性的研究比较丰富，研究主要遵循两条逻辑主线：一是分析央行干预是否对汇率水平有显著影响，这方面的研究始终存在争论。多数研究认为中央银行能够通外汇市场干预有效调控汇率变化方向（Neely，2008[23]；Mihaljek，2005[24]），也有部分实证研究发现央行干预对汇率的变化几乎没有作用（Miyajima and Montoro，2013[25]）；二是分析央行干预是否对汇率波动程度有显著影响。部分研究认为中央银行的外汇干预可以平滑汇率波动，例如罗西尼等（Rossini et al.，2011）[26]、乌马拉和罗德里格斯（Humala and Rodríguez，2010）[27]对秘鲁中央银行的干预效果的研究都发现，中央银行在部分美元化的经济体中可以通过外汇干预有效抑制汇率波动；而也有研究认为央行干预反而可能增加汇率波动，

---

① 外汇干预的定义较多，其中比较有代表性的是 1883 年《杰根森报告》中的定义，报告认为外汇干预是指"货币当局为了影响本国的货币汇率而在外汇市场上所进行的全部外汇买卖活动"，按照这一定义，外汇干预其实质就是对汇率实施的干预。

例如，贝利和赫佩奇（Baillie and Humpage，1992）[28]使用美国、德国和日本的实际干预数据对央行干预行为进行了研究，发现央行的干预增加了市场汇率的波动幅度，康纳利和泰勒（Connolly and Taylor，1994）[29]、弗兰克尔等（Frenkel et al.，2005）[30]对日本的研究也得出类似的结论。

国内通常将央行干预效果与外汇市场压力相结合进行研究，先通过外汇市场压力推导出央行干预力度，再针对央行干预力度以及央行干预对汇率的影响效果进行检验。丁剑平等（2006）[31]建立理论模型分析了中央银行公开进行外汇干预的效果，研究发现：央行的外汇干预能够促使汇率向其真实的波动水平靠拢。卜永祥（2009）[32]通过构建1994～2008年人民币外汇市场压力指数及央行外汇市场干预指数，研究发现，人民币兑美元在样本期内面临升值压力，央行干预程度在2005年汇率制度改革之前非常高，而在2005～2008年有降低的趋势。而朱孟楠和刘林（2010）[33]也测算了中国外汇市场干预有效性指数，研究指出中国人民银行的干预操作存在干预超调现象，并且冲销干预政策是部分有效的。靳玉英等（2013）对包括中国在内的28个新兴市场国家1990～2009年的外汇市场压力的状态和吸收方式做了跨国比较研究，研究发现：该样本期内新兴市场国家的货币大多面临升值压力，外汇市场压力吸收方式正逐渐由以外汇储备吸收为主转向减少干预。

（六）外汇市场压力与其他经济变量关系研究

关于外汇市场压力与其他经济变量的关系近年来开始受到较多关注，相关研究主要分为两大类别，一类侧重于研究影响外汇市场压力的经济因素，这类研究近五年才开始增多，另一类则侧重于分析外汇市场压力对其他经济变量的影响。

对于第一类研究，实际上是以外汇市场压力作为研究主体，研究外汇市场压力的经济影响因素，这方面的研究近五年来才开始增多。国外研究主要侧重于分析世界其他国家外汇市场压力的影响因素（Aizenman et al.，2012[34]；Hegerty，2014；Akram and Byrne，2015[35]），例如，艾泽曼等（Aizenman et al.，2012）以新兴市场国家为研究对象，研究发现人均GDP、贸易差额、国内信贷、短期外债变化都对外汇市场压力有显著影响。国内研究方面，郭立甫（2014）[36]采用多指标多原因模型计算了人民币的外汇市场压力，并分析了外汇市场压力的影响因素，研究发现：汇率预期、贸易顺差、通货膨胀率、中美利差等显著影响了人民币的外汇市场压力。周兵等（2012）[37]以2000年为分界点，对新兴市场国家2000年前后各10年的外汇市场压力的影响因素进行了比较研究，实证结果发现，在这两个阶段，新兴市场国家的外汇市场压力影响因素存在很大差异，例如，20世纪90年代通货膨胀与外汇市场压力始终存在正相关关系，而2000年以后这种关系只在稳定期才出现；出口虽然对2008年全球金融危机阶段的外汇市场压力有显著的负向影响，但对1997年亚洲金融危机时期的外汇市场压力没有明显影响；人均GDP在2000年以后开始显著影响新兴市场国家的外汇市场压力；此外，外商直接投资在亚洲金融危机期间显著影响了外汇市场压力。

对于第二类研究，国外方面，埃尔索伊（Ersoy，2013）[38]实证分析了土耳其不同类型的私人资本流入和外汇市场压力对土耳其货币实际有效汇率的影响，发现三者之间具有长期均衡关系；海纳吉（2009）[39]分析了欧盟成员资本流入、外汇市场压力与国内信贷增长之间的关系。国内方面，已有研究只是将外汇市场压力作为不同时期的划分依据，目的在于分析不同外汇市场压力的环境下其他经济变量的特点和趋势。例如朱孟楠和陈欣铭（2013）[40]采用MS－VAR模型实证分析了不同外汇市场压力环境下短期国际资本流动及通货膨胀的特点，研究发现：人民币处于较强升值区制有利于短期资本流入和通货膨胀的上升；当人民币转为较强贬值区制时会导致短期资本大量外流、通货膨胀水平下降；而当人民币处于适度升贬值区制时，短期资本将小幅流出且通货膨胀水平下降。

此外，有很多研究没有直接以外汇市场压力作为研究主体而是研究了汇率与其他经济变量的关系。例如，在国际原油价格与汇率关系的研究方面，不少学者针对国际原油价格与美元汇率的关系做了深入研究（Dibooğlu，1997[41]；Chen and Chen，2007[42]；Lizardo and Mollick，2010[43]）；张庆君（2011）[44]则研究了2001～2010年国际原油价格上升对人民币汇率的影响。近年来，由于美国、日本等国实施了多轮量化宽松政策，因此也有部分学者研究了量化宽松政策对汇率的影响，例如，谭小芬（2010）[45]讨论了美国量化宽松政策的退出时机及退出路径，并分析了美联储的货币政策调整对包括人民币汇率在内的中国经济发展产生的潜在冲击。赵硕刚（2014）[46]同样着眼于美联储量化宽松政策的退出，认为其将给人民币汇率带来较大贬值压力。李自磊和张云（2014）[47]对比分析了美国的量化宽松政策与"金砖四国"汇率之间的关系，结果表明，量化宽松政策推动了人民币升值，且其对人民币汇率的作用效果比其他三国货币更加明显。实际上，诸如国际商品价格冲击、国际经济政策冲击等引起汇率实际变动的经济变量都是外汇市场压力的来源，这些经济因素通过引起外汇市场压力的变化，最终作用至汇率的实际变动。

（七）外汇市场压力的政治来源研究

目前关于政治因素对外汇市场压力或汇率影响的研究尚不多见，虽然该领域的研究受到越来越多学者的重视，但是大部分都集中于探讨政治对汇率制度选择的影响，较少关注政治因素对外汇市场压力或汇率的影响。实际上，汇率变动不但会受到经济压力的影响，还不可避免地会受到国内外政治压力的影响。巴赫曼（Bachman，1992）[48]对这一问题关注较早，他通过对1973～1985年加拿大、英国、法国和美国的政治周期效应进行建模研究，发现当执政党发生变化时，远期汇率偏差也会相应发生改变。弗里登（Frieden，1994）[49]则指出，一国经济金融的开放程度越高，政治因素在汇率问题中所扮演的角色就越重要。而洛博等（Lobo et al.，1998）[50]则通过检验美国五个总统选举周期里日元/美元、德国马克/美元、加拿大元/美元以及英镑/美元的每周波动率变化情况，发现这四种货币兑美元汇率都受到美国政治周期或执政党的影响。

具体到人民币汇率的研究，张宇燕和张静春（2005）[51]较早从国际政治经济学的角度指出，汇率是大国实现及巩固有利于自身世界经济、政治安排的一个重要工具，汇率的改革和安排取决于国内和国际上各种政治经济利益博弈达成的均衡。何兴强（2006）[52]及周叶菁（2009）[53]则通过考察美国对人民币施压的原因，指出利益集团在对人民币施加压力的过程中扮演了积极角色，推动了政府与国会在此问题上的一系列行动。杨长湧（2012）分析了国外施压人民币汇率的特点、途径和主要意图，提出了应对人民币外汇市场压力的主要策略。

关于国际政治压力对人民币汇率影响的实证研究很少，具有代表性的是刘和保韦尔斯（Liu and Pauwels，2012）[54]，他们通过构建人民币汇率政治压力指标，发现政治压力对人民币日收益率没有显著影响，但值得注意的是，来自美国的政治压力对人民币的波动率具有显著影响。刘涛和周继忠（2011）[55]则着重考察了美国政府和国会对人民币施压的效果。他们运用"分类事件研究法"考察了2005～2010年美国政治压力对人民币升

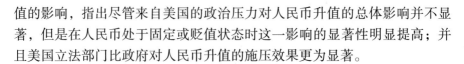

值的影响，指出尽管来自美国的政治压力对人民币升值的总体影响并不显著，但是在人民币处于固定或贬值状态时这一影响的显著性明显提高；并且美国立法部门比政府对人民币升值的施压效果更为显著。

三、对文献的进一步评价

近10年来，国外方面的相关研究主要集中在以下几个方面：一是关注外汇市场压力与其他经济变量之间的关系；二是分析外汇市场压力与货币政策间的关系；三是分析外汇市场压力与金融危机的关系；四是讨论外汇市场压力的测算方法。国内方面，相关研究多以外汇市场压力的变化方向作为研究出发点，讨论央行的干预力度和干预效果。近5年来，国际方面，关于外汇市场压力影响因素的研究较为热门，而在国内方面，研究开始关注人民币外汇市场压力与其他经济变量关系，对人民币外汇市场压力的影响因素研究也开始有所涉及。

总的来看，外汇市场压力的相关研究是国内外的热点问题，涉及领域较多，尽管如此，但是在以下几个方面存在显著的不足。

首先，已有的涉及外汇市场压力的文献多是将外汇市场压力作为一个既定变量纳入分析框架，例如，分析不同外汇市场压力下其他经济变量的变化，或是分析央行干预是否有效缓解了外汇市场压力或影响了实际汇率变动，抑或分析外汇市场压力与货币政策、货币危机的关系，而从内部深入剖析人民币外汇市场压力的影响因素和传导渠道的研究不够充分，这也是近年来国内外的热点问题。

其次，目前缺乏深入分析经济开放程度与人民币外汇市场压力关系的相关文献，尽管有些研究分时段分析了外汇市场压力的特征，但其关注的通常是某一事件的时点性影响（如研究2005年汇改前后的情况、1997年金融危机前后的情况），而未在一个连续动态的过程中观察我国特殊经济环境下经济开放程度的对外汇市场压力的影响，分析我国近几年高水平对外开放条件下外汇市场压力新特征的文章也较为稀少。

最后，国内外关于外汇市场压力的来源分析通常只注重分析经济因素，而忽视了对政治因素的系统考察，这主要源于对政治因素量化的困难。但是，汇率不仅是一国经济关系的重要内容，更是大国关系的重要议题，只从经济角度考察外汇市场压力难以达到全面分析的效果，从而难以为央行的外汇市场决策提供更为全面、细致的参考。

本书试图弥补以往研究在以上方面的不足，通过在高水平开放进程中系统性地研究外汇市场压力的影响因素、传导渠道及特点，本书对已有研究进行了丰富与拓展。在此基础上，本书又进一步从直接干预与间接干预两个方面综合分析了央行对外汇市场压力的应对策略，特别是增强汇率弹性区间政策对外汇市场压力的影响，从而为央行缓解不利的外汇市场压力提出政策建议。

第三节 研究框架、篇章结构与研究方法

一、研究框架

本书遵循"提出问题—分析问题—解决问题"的思路，围绕人民币外汇市场压力问题展开深入研究，研究的逻辑框架如图 1 - 2 所示。

具体来看，由于高水平对外开放进程中人民币外汇市场压力因素日益复杂、影响渠道更加广泛、影响程度更加深入，因此这对央行的汇率管理提出了更高的要求。

在此背景下，首先分析高水平对外开放进程中人民币外汇市场压力的成因及其传导渠道，只有对外汇市场压力的经济、政治等各种影响因素及其传导渠道予以准确的把握，才能从源头及时识别可能引发风险的压力来源。接下来构建人民币外汇市场压力的衡量指标并进行测算，并通过实证定量地分析高水平对外开放进程如何影响人民币外汇市场压力的变化特点和变化趋势。

面对外汇市场压力的新特点，央行需及时采取合理的政策手段予以调控和应对。因此，接下来分析高水平对外开放进程中央行干预外汇市场压力的政策手段及其传导机制，并实证检验不同干预政策的有效性。

最后，结合高水平开放进程中人民币外汇市场压力的影响因素、变化特点以及央行不同干预手段的有效性，对央行的政策选择提出建议。

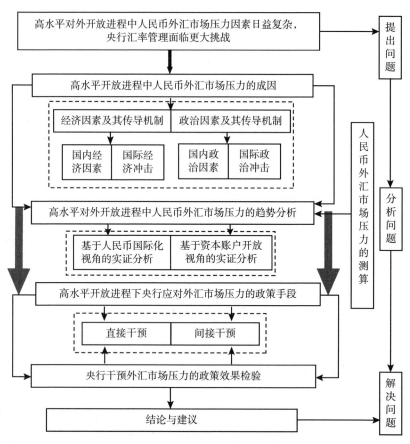

图 1-2　本书逻辑框架

二、篇 章 结 构

本书主要研究高水平对外开放进程中人民币外汇市场压力的成因、趋势和央行的应对策略，全书分为四个部分，共十章。

第一部分为绪论。

第一章，外汇市场压力问题的由来。主要对研究背景及意义、外汇市场压力的含义及当前研究现状进行阐述，进而介绍本书的研究框架、研究方法，最后介绍本书的主要创新。

第二章，高水平对外开放中的外汇市场压力概述。主要阐述了我国高水平对外开放战略及高水平对外开放下人民币外汇市场压力的新特点，并对高水平对外开放如何影响央行的外汇市场干预进行了理论阐述。

第二部分为高水平对外开放下人民币外汇市场压力的成因分析，主要从经济和非经济两方面进行理论分析。由于在非经济领域，政治因素的影响受到更多关注，相关研究才刚开始起步，因此重点选取政治因素进行分析。

第三章，国内经济压力及国际经济冲击。主要分析了高水平对外开放进程中的人民币外汇市场压力的国内经济因素及国际经济冲击，特别关注了国际经济冲击中的国际原油价格冲击对人民币外汇市场压力的影响，通过理论模型分析了经济因素对人民币外汇市场压力的影响路径及影响效果，以及高水平开放进程如何改变这种影响。

第四章，国内政治因素与国际政治冲击。主要分析了高水平对外开放进程中的人民币外汇市场压力的国内政治因素及国际政治冲击，特别关注了国际政治因素对人民币汇率带来的压力，通过理论建模分析了政治压力的传导机制及传导效果。

第三部分为高水平对外开放下人民币外汇市场压力的趋势分析，包括第五章到第七章。该部分在前面理论分析的基础上，实证研究了我国高水平对外开放对人民币外汇市场压力变化趋势的影响，其中还特别关注了人民币外汇市场压力的测算问题。由于我国高水平对外开放包含人民币国际化和资本账户开放两大重要内容，因此，从人民币国际化和资本账户开放这两个视角进行了实证分析。

第五章，外汇市场压力的衡量与测算。主要研究了人民币外汇市场压力的衡量指标，并通过多种方法测度了人民币外汇市场压力并进行了比较。

第六章，人民币国际化加速对外汇市场压力的影响。主要实证分析了人民币国际化、汇率预期与人民币外汇市场压力的关系，从而从人民币国际化加速这一视角揭示了高水平对外开放下人民币外汇市场压力的变化特点。

第七章，资本账户开放对外汇市场压力的影响。首先对我国资本账户开放程度进行了多维度的测度，进而实证分析了我国资本账户开放程度对人民币外汇市场压力的影响，从而从资本账户逐步开放这一视角揭示了高水平对外开放下人民币外汇市场压力的变化特点。

第四部分为高水平对外开放下央行对人民币外汇市场压力的干预与应对研究，包括第八章到第十章。该部分主要在对中央银行外汇干预目标、干预政策与传导机制进行理论分析的基础上，实证研究了中央银行的直接干预和间接干预政策对人民币外汇市场压力的干预效果，特别关注了间接干预政策中的扩大人民币汇率弹性区间的影响，最后得出中央银行外汇干预的政策选择建议。

第八章，央行外汇市场干预的目标、政策与传导机制。主要分析了央行干预的目标、干预政策与传导机制。

第九章，我国央行外汇干预效果的实证分析。通过实证分析分别研究了我国央行的直接干预以及间接干预政策政策对人民币外汇市场压力的干预效果，特别关注了间接干预政策中的扩大人民币汇率弹性区间对人民币外汇市场压力的影响。

第十章，央行政策选择建议。在总结理论与实证分析结果的基础上，提出了央行在高水平开放进程中应对不利的人民币外汇市场压力、进行外汇市场干预的政策建议。

三、研究方法

本书将理论分析与实证分析相结合，结合国际金融学、新政治经济学、宏观经济学、微观经济学、货币银行学等相关理论，采用定性分析与定量分析相结合、理论分析与实证分析相结合、微观分析与宏观分析相结合以及比较归纳分析等研究方法，分析高水平开放进程中的人民币外汇市场压力及央行政策选择问题。

在人民币外汇市场压力影响因素的分析中，侧重分析外汇市场压力的来源及传导渠道，并进行理论模型的创新，结合我国国情建立部分均衡的动态资产选择模型和政治周期外溢效应模型进行深入的理论模型分析。

在分析高水平开放进程对人民币外汇市场压力的影响方面，本书不仅对人民币外汇市场压力进行了数据测算，而且将开放进程予以量化研究，定量分析了开放进程中的关键改革如何影响人民币外汇市场压力，而且通过比较分析的方法验证了这种影响的普遍性规律。

在分析中央银行的直接干预与间接干预政策对人民币外汇市场压力的影响方面，综合运用理论分析与实证分析相结合的、比较归纳等方法，对我国央行的外汇市场干预选择提出政策建议。

第四节　主要创新

与已有的研究相比，本书主要有下述几个方面的创新。

（一）研究视角创新

首先，从高水平对外开放不断加深这一视角，对人民币外汇市场压力以及央行的政策选择进行了动态分析。已有的文献对变化中的外汇市场环境关注不足，主要侧重于对过去某一时间段外汇市场压力特点的描述以及对央行过去干预效果的静态检验和静态回顾，并没有将我国高水平对外开放的加深与外汇市场压力的动态关系进行明确考量，难以对央行在当前不断变化的、高度开放的环境中应采取何种政策提供有针对性的建议。与已有研究不同，本书首先分析了在我国高水平对外开放进程中人民币面临的外汇市场压力新特点，尤其是日益复杂的国际经济、政治压力，补充了已有研究对变化中的外汇市场环境关注的不足；进而以动态的观点分析了我国对外开放程度不断加深下人民币外汇市场压力的变化趋势，在此基础上对央行的政策选择提出建议。

其次，本书将人民币面临的外汇市场压力研究视角拓展到政治领域，从经济、政治两方面系统分析人民币面临的外汇市场压力。已有的文献通常只从经济层面分析外汇市场压力，而很少关注政治层面。这主要源于对政治因素量化的困难。本书不仅丰富了经济领域外汇市场压力的研究，更从政治领域对人民币的外汇市场压力进行了详细分析与阐述。

（二）研究内容创新

本书不仅系统分析了人民币面临的外汇市场压力的来源，特别关注了国际冲击，尤其是国际政治冲击对人民币外汇市场压力的影响，而且将经济开放度作为变量纳入实证分析框架，在一个连续动态的过程中分析了我国高水平对外开放对外汇市场压力的影响。在分析央行干预政策的效果方面，就人民币汇率弹性区间扩大对外汇市场压力的作用进行了实证分析。具体来说有以下几点。

第一，对人民币外汇市场压力的国际冲击，特别是国际政治冲击进行了全面分析。由于我国过去对外开放水平有限，且存在资本管制、汇率管制等制度"隔离墙"，因此人民币较少受到国际冲击的影响，相关的研究也并不丰富。但随着我国高水平对外开放进程的加速，人民币面临的国际冲击大大增多。本书在全面分析各种国际冲击对人民币外汇市场压力传导渠道和影响方向的基础上，特别关注了人民币汇率的国际政治压力，尤其是美国政治选举对人民币造成的周期性压力。这一内容目前的研究还比较匮乏，是研究的前沿问题。本书不仅系统分析了人民币面临的国际政治压力，而且将国际政治压力与央行的博弈行为相结合进行了分析。

第二，从内部深入剖析了外汇市场压力的来源和传导渠道。已有的文献通常是将外汇市场压力作为一个既定的变量纳入分析框架，要么是分析外汇市场压力与货币政策、货币危机的关系，要么是分析央行干预对外汇市场压力的影响，而很少从内部深入剖析外汇市场压力的来源和传导渠道，也没有关注压力的变化趋势。关于外汇市场压力来源、影响因素的研究近5年来开始兴起，但相关研究并不全面，针对高水平对外开放下人民币外汇市场压力来源及传导渠道的研究就更为稀少。本书的研究弥补了以往研究在此方面的不足，从内部深入、全面分析了在高水平对外开放的进程中人民币外汇市场的压力因素、作用机制和变化，从而为央行的外汇市场决策提供更为全面、细致的参考。

第三，将经济开放度作为变量纳入实证分析框架，在一个连续动态的过程中分析我国高水平对外开放对外汇市场压力的影响。已有的文献曾关注过经济开放政策与汇率变化之间的关系，但由于汇率的变化是外汇市场压力和央行干预共同作用后的结果，因此仅仅考察汇率的事后变动而不考察其事前面临的外汇市场压力难以对央行的政策选择提供参考。而涉及经济开放程度的文献中，以往的研究通常只考虑某一改革事件的"时点性影响"（如研究2005年汇改前后的情况），与以往研究不同，本书将开放政策作为一个变量纳入实证分析框架，在一个连续动态的过程中观察了我国特殊经济环境下经济开放程度的对外汇市场压力的影响。

第四，就人民币汇率弹性区间扩大对外汇市场压力的作用进行了实证分析。人民币汇率弹性区间改革是我国央行进行间接干预的重要手段。已有的研究通常只是对人民币弹性区间扩大的影响进行定性分析，尚未见关于人民币弹性区间影响人民币外汇市场压力的实证研究。本书的研究弥补了这一方面的不足，将理论分析与实证分析相结合，从而对央行的政策选择提出建议。

（三）研究方法创新

已有的对外汇市场压力和央行干预行为的研究还停留在简单的实证检验阶段，较少有理论模型的创新。具体来说，有以下两个方面。

第一，本书在分析人民币面临的国际经济压力方面，通过构建符合我国经济发展特殊情况的部分均衡资产选择模型，对我国资本账户开放前后国际原油价格冲击对人民币外汇市场压力的影响进行了理论模型的创新，从而说明了我国开放程度的加深改变了国际经济冲击影响人民币外汇市场压力的方式。

第二，本书在分析人民币面临的国际政治压力方面，构建了政治周期政策选择模型，创造性地分析了美国政治选举这一具有周期性特点的政治冲击对人民币汇率产生的压力，这不仅弥补了相关理论研究的空白，而且有利于为央行的政策选择和干预操作提供参考。

第二章

高水平对外开放中的
外汇市场压力概述

第一节　高水平对外开放战略概述

一、高水平对外开放的内容

2008 年全球金融危机爆发以来，我国经济发展与改革开放进入新的阶段。"高水平对外开放"作为我国新时期重要的国家战略和政策，近年来在多个中央文件及会议中被特别提出，具体见表 2 - 1。

表 2 - 1　　　　　　　　高水平对外开放战略的提出

时间	来源	内容
2012 年 12 月	中央经济工作会议	习近平同志强调要实施更加积极主动的对外开放战略，全面提升开放型经济水平
2014 年 3 月	第十二届全国人大二次会议政府工作报告	明确提出要"开创高水平对外开放的新局面"，构建开放型的经济新体制，推动新一轮对外开放
2015 年 5 月	中共中央　国务院关于构建开放型经济新体制的若干意见	明确提出要"加快构建开放型的经济新体制""形成全方位对外开放新格局"
2015 年 9 月	习近平同志访问美国	在多个场合阐述了中国对外开放的战略、方针和政策，明确提出中国正在进行"新一轮高水平对外开放"

时间	来源	内容
2015 年 10 月	中共十八届五中全会	以文件的形式提出要继续全面深化改革，发展"更高层次的开放型经济"
2015 年 12 月	2015 年中央经济工作会议公报	特别指出要重视推进高水平的双向开放

资料来源：作者根据新华网资料整理而得。

　　具体来说，"高水平对外开放"包含多个层次的要求。

　　第一，高水平对外开放要求开放层次更高。贸易方面，推动外贸转型升级，完善出口退税负担机制，实施培育外贸竞争新优势的政策措施，促进加工贸易转型，扩大跨境电子商务综合试点，提高服务贸易比重；实施更加积极的进口政策，扩大关键设备、先进技术等的进口。资本方面，更加积极有效利用外资，完善外商投资的相关法律法规，鼓励外商投资高新技术、新能源、节能环保、现代服务业等领域，鼓励外商投资研发环节。

　　第二，市场和资源"双向"开放，特别是资本市场双向有序开放。一方面，继续通过自贸区建设等平台先行先试，将资金、先进技术和人才等"引进来"，方便外国企业与中国市场的对接，促进国内、国际两个市场中的要素更为高效地交流；另一方面，要更加积极地"走出去"，注重发展外向型经济，推动我国经济稳健发展①。

　　第三，扩大全方位主动开放，对外开放的领域更加宽广，并扩大人民币跨境使用。开放领域涉及一般制造业、交通运输业、金融业、文化产业、商贸物流、电子商务等多个领域。

　　第四，提高我国在全球经济治理中的制度性话语权，促进国际经济秩序朝着平等公正、合作共赢的方向发展，加快实施自由贸易区战略。

　　在推进高水平对外开放的过程中，为实现上述具体要求，客观上需要实现人民币国际化和资本账户开放，这也是高水平对外开放战略的内在要求。

二、高水平对外开放要求人民币国际化

　　高水平对外开放在客观上要求人民币实现国际化，明确提出要"扩大

---

　　①　"一带一路"倡议、丝路基金和亚洲基础设施投资银行等重大举措充分体现了我国对外开放战略的转型。

人民币跨境使用"。这是因为，人民币成为国际贸易结算货币可以减少我国企业的交易成本及汇率风险、进一步促进我国对外贸易的发展，而人民币对外投融资业务的拓展也将为我国开辟新的资金来源渠道，缓解对外投资的资金约束，促进对内引资与对外投资，这都有利于高水平对外开放战略的推行。因此，高水平对外开放中一个重要的方面即是实现人民币国际化，人民币国际化是高水平对外开放的内在要求。

早在 20 世纪 80 年代末，便出现了关于人民币国际化的探讨。2008 年发源于美国的金融危机逐渐改变着世界经济和金融格局，使得美国的国际货币霸主地位受到了一定程度的动摇和质疑，储备货币多元化的呼声越加高涨。在此背景下，中国政府适时做出了政策调整、积极对外开放、大力推动人民币走向国际货币。2009 年 7 月，我国跨境贸易人民币结算试点的启动被认为是人民币走向国际化的关键一步。自此开始，人民币国际化进程明显加快，在贸易、投资、金融市场建设和储备货币等方面均取得了不同程度的进展。根据中国人民大学国际货币研究所对人民币国际化程度所做的研究，随着我国对外开放的不断推进，人民币国际化程度近年来持续提高，如图 2 -1 所示。

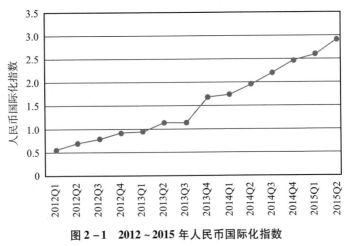

图 2 -1 　2012 ~ 2015 年人民币国际化指数

资料来源：中国人民大学国际货币研究所. 人民币国际化报告［R］. 北京：中国人民大学出版社，2014 - 2015.

2015 年 12 月 1 日，人民币成功进入特别提款权（SDR），这是人民币成为国际储备货币的重要一步，也是中国经济融入全球经济、金融体系的重要里程碑，为我国高水平对外开放的顺利发展奠定了基础并起到了重要的推动作用。

三、高水平对外开放要求资本账户开放

我国高水平双向对外开放战略也需要以资本账户进一步开放作为保障，高水平对外开放明确提出要推动资本市场的双向有序开放。目前，根据国际货币基金组织的定义，我国在外商投资、本国居民对外负债、资本市场尤其是二级市场方面不直接对外开放①，这在一定程度上限制了资本的双向流动。周小川（2015）② 称，要推进资本市场双向开放，改进并逐步取消境内外投资额度限制。我国资本账户进一步开放是高水平对外开放的必然要求。未来，伴随着我国金融监管水平和国际合作水平的提高，我国资本账户将进一步放开③。

同时，作为高水平对外开放战略的重要组成部分，资本账户开放和人民币国际化之间存在着密切关系，在学界也得到了广泛的关注。多数学者认为，人民币国际化的顺利推行需要资本账户进一步开放。何慧刚（2007）[56] 讨论了汇率制度弹性化、资本项目自由化以及人民币国际化之间的关系，认为三者是相互促进、共同发展，应同步推进。王爱俭（2013）[57] 提出，人民币国际化的路线图不能回避汇率和利率市场化，而应采取人民币汇率、利率市场化和资本项目审慎开放交叉推进方式，推动人民币的国际化。李向阳和丁剑平（2014）[58] 基于基本项目开放的视角分析了5种主要国际储备货币构成的决定因素，认为人民币国际化需要适度开放资本项目。严佳佳（2014）通过分析货币国际化和资本账户开放的国际经验，也认为我国虽然应在短期内保持资本账户管制，但从长期看，提高资本账户开放程度是推进人民币国际化的必然要求。姜晶晶和孙科（2014）④ 认为目前人民币在经济规模、贸易地位、财政稳健等方面初步具备成为国际货币的条件，但在金融市场开放、资本账户自由化方面仍有

---

① 虽然资本账户尚未完全放开，但是我国已有一系列特殊安排以及特殊政策（如港沪通、人民币跨境使用政策等）让这三个主体科目的资本流通成为可能。

② 央行行长周小川2015年11月25日在《人民日报》上发表题为《深化金融体制改革（学习贯彻党的十八届五中全会精神）》的署名文章，在扩大资本与金融市场开放方面，表示要推进资本市场双向开放，改进并逐步取消境内外投资额度限制。提升股票、债券市场对外开放程度，有序拓展境外机构参与银行间债券市场的主体范围和规模，扩大境内机构境外发行债券的主体类型和地域范围，放宽境外机构境内发行人民币债券限制。

③ 当然，资本账户进一步放开并不意味着资本账户需完全开放，目前世界上任何国家的资本账户都没有绝对放开。

④ 姜晶晶，孙科. 深化金融改革背景下人民币国际化分析 [J]. 国际经济合作，2014（3）：82-88.

所欠缺，因此应稳步推进国内金融改革、防范金融风险，发展人民币离岸市场，以保障人民币国际化的顺利推进。

由此可见，我国高水平对外开放需要以人民币国际化与资本账户进一步开放作为基础和保障，人民币国际化和资本账户开放是我国高水平对外开放战略的重要组成部分。

第二节　高水平对外开放下人民币外汇市场压力的新特点

一、影响人民币外汇市场压力的因素更加复杂

随着我国新一轮高水平对外开放的实施，我国经济与世界经济发展呈现深度融合的趋势，这使得人民币外汇市场压力的因素变得更加复杂。

在我国实行严格的资本管制时期，"隔离墙"将外部压力因素对人民币汇率的传导予以阻断，人民币外汇市场压力主要来源于国内经济增长冲击、通货膨胀或通货紧缩、贸易顺差、持续增加的外汇储备等宏观经济基本面因素。随着资本账户开放、人民币国际化等改革政策的逐步深化，全方位、高水平开放进程的加快，中国与世界其他国家的经贸往来不断加深，人民币不仅受到国内因素的影响，也会直接受到来自诸如国际商品和资产价格、金融危机、政治压力等更多国际因素的冲击。

同时，在高水平对外开放下，人民币汇率不仅受到经济因素的冲击，也受到非经济因素的冲击，特别是国际上要求人民币升值的政治压力会通过官方交涉、舆论、国际游资等多种渠道影响人民币汇率，引发各方关注。本书在第三章和第四章将从人民币外汇市场压力的经济来源与政治来源两个维度对此进行详细阐述。

二、人民币国际化政策深刻影响人民币外汇市场压力的变化

高水平对外开放客观上要以人民币国际化做保障，而人民币国际化的

加速不仅会使人民币外汇市场压力的影响因素更为复杂（如上面所述），也会使人民币的压力走向和变动特点受到影响。

弗兰克尔（Frankel，2012）[59]对人民币国际化的分析就指出，货币国际化会增加对该种货币的需求量，从而产生货币升值压力、影响一国的出口竞争力，同时，由于货币国际化通常伴随着资本账户的开放和资本流动的增加，因此货币国际化的过程也可能带来货币需求的大幅波动，给该货币币值变动带来压力。

具体来讲，人民币国际化可以通过贸易渠道和资本与金融渠道传导至外汇市场压力，并最终可能引起汇率的实际变动。从贸易渠道看，货币国际化增加了国际市场对该货币计价和交易的需求，大量外汇将兑换为该国货币，从而给该货币带来升值压力；从资本与金融渠道看，货币国际化的顺利进行也会使更多投资者和投机者持有人民币，从而使人民币币值受到全球对其需求的影响。

三、资本账户开放深刻影响人民币外汇市场压力

我国高水平对外开放要求资本市场对外开放，即要求资本账户进一步开放。而我国资本账户开放不仅使人民币汇率受到更多来自国际因素的冲击，资本账户开放政策本身也直接增加了进出我国的国际资本的数量，从而直接影响到人民币的外汇市场压力的变化。

一方面，资本账户开放度增加可能会通过提高国内金融效率、加速经济增长来减小本币贬值压力或增加本币升值压力；另一方面，资本账户开放度增加也可能会导致大规模的资本进出，从而致使人民币币值变得不稳定，吸引力降低，从而增大本币贬值压力。

总的来看，作为我国高水平对外开放政策的重要组成部分，人民币国际化和资本账户开放的进行会通过多个方面影响人民币外汇市场压力的变化方向以及特点。鉴于此，本书首先对高水平开放进程中人民币外汇市场压力影响因素及其传导机制进行理论分析，在此基础上，从人民币国际化和资本账户开放的视角对我国高水平对外开放进程影响人民币外汇市场压力进行实证分析。

第三节　高水平对外开放下央行对外汇市场压力干预的新变化

一、外汇市场压力与央行干预关系

　　首先，央行干预可以吸收已经生成的外汇市场压力，使外汇市场压力不完全表现在汇率的变化上。例如，在中国总体经济向好、国际投资者对人民币存在升值预期、国际社会对人民币施加升值压力的情况下，如果我国央行不进行干预操作，那么人民币很可能大幅升值。但现实情况是，中央银行很可能出于增加出口、促进经济稳定、可控发展的考虑，在外汇市场上进行干预操作，阻止人民币过快升值，维持人民币币值的稳定。从而我们实际观察到的汇率变动只是外汇市场压力的部分表现形式。

　　其次，央行干预可以扭转已经生成的外汇市场压力的方向。无论是出于主观需要还是因为对干预工具和效果的预估不准，央行在实际中都有可能进行过度的外汇市场干预，这种干预甚至可能会扭转外汇市场压力的方向，即央行不但吸收了先前市场积累的压力，而且扭转了压力的方向，这种情形称为"干预超调"。根据朱孟楠和刘林（2010）的测算，我国央行在1997～1999年亚洲金融危机爆发期间，为了维持人民币币值的稳定、保障国内经济的稳健发展，对外汇市场进行了大规模的干预，出现了干预超调现象；在2007～2008年全球金融危机期间，我国央行出于同样的目的对外汇市场进行了干预操作，导致市场再一次出现干预超调。

　　最后，央行干预可以通过改变外部制度或环境，从源头影响外汇市场压力的形成方式或大小。如果说之前的论述侧重于研究中央银行"吸收"已经产生的外汇市场压力，那么此处则侧重于说明央行可以通过制度改革改变外汇市场压力产生的环境或条件，从而预防不利的外汇市场压力产生，或减缓不利的外汇市场压力的积累过程。例如，国际社会多年来一直指责人民币汇率偏低，市场化程度不足，给人民币施加了巨大的升值压力。我国央行可以通过进行人民币汇率形成机制改革、逐步放宽汇率波动区间，扭转外汇市场上对人民币的单边升值预期等途径，从外部减小人民币升值压力。当然，如果在改变外部制度或环境之后，央行仍认为外汇市场压力的大小或方向处"不合意"的水平,那么可以进一步在外汇市场上通过外汇买卖等其他手"吸收"外汇市场压力,阻断或改变外汇市场压力向汇率传导的路径。

二、高水平开放进程如何影响央行干预

在比较封闭的经济环境下,汇率通常由官方决定,由于几乎没有国际贸易和国际资本流动,因此汇率很少受到国外因素的影响,央行干预汇率的压力较小。例如,在新中国成立初期,我国面临比较严重的外部封锁,对外贸易量较少,人民银行将全部外汇收归国有,尽管当时出于某些原因人民币兑美元汇率存在一定的高估,但是这种高估的汇率维持了相当一段时间而没有受到挑战,央行并没有应对外汇市场压力的困扰。

随着我国改革开放政策的推行,我国对外贸易量急剧上升,并开始积累外汇储备①。面对我国对外贸易发展的新形势,我国于1994年进行了重大汇率制度改革,人民币外汇调剂价格与官方汇率正式并轨,自此我国中央银行开始有了干预外汇市场、应对外汇市场压力的现实需要。此后,随着经济全球化的深化和我国加入世界贸易组织,影响人民币汇率的贸易、资本、心理、政治等因素越来越多,加上我国又于2005年进行了新一轮汇率制度改革,逐渐形成更富弹性的汇率机制,从而使得央行在干预外汇市场的过程中也面临愈加复杂的情势。

在新时期,我国与全球经济关系发生了深刻的变化,与世界经济的融合程度明显提高。我国顺应经济发展的需要,提出了高水平对外开放的经济发展战略,这是我国坚持开放发展、深度融入世界经济发展的必然要求,标志着我国经济的对外开放开启了一段新的篇章。

高水平的双向开放对我国央行的干预行为提出了新的挑战。

首先,更高水平的开放要求双向开放层次更高,对内、对外同步开放,这就要求我国加快资本账户的开放,逐步实现资本项目可兑换,从而加速国内外资本流动。而国际资本流动的加速和加深则将对我国中央银行的市场干预提出更高层次的要求。根据"不可能三角"理论,固定汇率制度、资本自由流动和货币政策的有效性三者不可兼得。由于我国不可能实

---

① 例如,1993年我国出口5284.8亿元,进口5986.2亿元,经常项目逆差,而1994年我国出口10421.8亿元,进口9960.1亿元,经常项目由逆差转为顺差,并自此持续增长;与此同时,仅1994年一年,我国外汇储备即由251.61亿美元增加至516.2亿美元,增幅达105%。

行完全浮动汇率制度，因此从理论上看资本自由流动必然削弱央行干预的效果。这从客观上要求央行根据我国经济的实际发展情况进行干预工具和干预政策的创新。

其次，我国对外开放的领域越来越宽，这种全方位、高水平的开放使得我国各个产业都暴露于汇率风险当中，与过去相比，国际经济、政治形势的风吹草动可以更加直接地通过各个领域、各个渠道影响国际贸易和国内经济发展，增加人民币汇率变动压力。如果说过去我国资本管制、利率管制、外汇管制等"隔离墙"的建立可以阻碍相当一部分国际压力对汇率的传导，那么"隔离墙"的打破则将使汇率的影响因素更为复杂，这进一步增加了我国央行监控汇率、缓解不利的外汇市场压力的难度。

此外，我国的高水平、全方位开放不仅包括实体领域的开放，也包括金融领域的开放和货币的国际化。人民币市场不仅局限在我国大陆地区，而是伴随着"一带一路"倡议的推行和全球贸易的发展走向世界。目前，人民币离岸市场发展迅速，这一方面增加了央行干预市场的选择和手段；另一方面也增加了央行干预市场的难度——因为不同市场间的联动效应对央行干预时机和干预力度等都提出了更高的要求。而伴随着人民币国际化战略的发展，人民币如要成为国际货币，那么在长期内必将面临升值压力，成为强势货币[①]；但是，短期内我国又面临调整经济结构、维持经济稳定发展的现实需要，人民币不但不可能升值过快，甚至可能面临贬值压力，如何处理不同目标之间的矛盾也是央行面临的重大问题。

本 章 小 结

本章在介绍高水平对外开放含义的基础上，从理论上分析了高水平对外开放下人民币外汇市场压力的新特点以及外汇市场压力、央行干预与汇率变动之间的关系。"高水平对外开放"作为我国新时期重要的国家战略和政策，包含多层次要求。第一，高水平对外开放要求开放层次更高。第二，对内、对外同步开放，市场和资源双向开放。第三，扩大全方位主动开放，开放领域更加宽广。第四，提高我国在全球经济治理中的制度性话语权，实现合作共赢。高水平对外开放在客观上要求人民币实现国际化、

---

① 见本书第六章的论证。

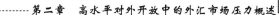
资本账户进一步开放。随着我国新一轮高水平对外开放战略的推进，人民币外汇市场压力的变化受到深刻影响。一方面，人民币外汇市场压力的影响因素变得更加复杂，不仅受到经济因素的影响，还受到非经济因素特别是政治因素的影响，不仅受到国内因素的制约，还受到国际因素的冲击；另一方面，人民币外汇市场压力的走向也受到人民币国际化和资本账户开放本身的深刻影响，在开放的进程中呈现出新的变化特点。这给我国央行干预外汇市场提出了新的挑战。

第二部分　高水平对外开放下人民币外汇市场压力的成因分析

第三章

国内经济压力及国际经济冲击

第一节 人民币外汇市场压力的经济来源

一、外汇市场压力的经济来源定义

外汇市场压力的经济来源是指导致外汇市场压力产生及发生变化的经济因素。

具体来讲，假设在现行汇率下，一国当前经济满足外部均衡，即国际收支平衡，本国对外国的商品和资产需求等于外国对本国的商品和资产需求。如果此时由于国内或国际某些经济因素发生变化，导致国际需求不再相等，那么由此产生的对本国货币需求的变化便带来了外汇市场压力，此即外汇市场压力的产生。

假设在现行汇率下，一国货币收支不平衡，如果此时由于国内或国际某些经济因素发生变化，导致国际收支状况发生变化但未达到平衡，那么由此产生的对本国货币需求的变化便带来了外汇市场压力的变化。

导致外汇市场压力产生及发生变化的经济因素即为外汇市场压力的经济来源。

由于国际上几乎没有国家能够真正实现国际收支完全平衡，因此，通常认为使当前国际收支发生变化，进而使国际上对本国货币需求状况发生变化的经济因素都是外汇市场压力的经济来源。

二、人民币外汇市场压力的国内经济因素概述

按照人民币外汇市场经济压力的源头地划分，可分为国内经济来源和国际经济来源。在国内来源方面，经济增长、通货膨胀、外汇储备、贸易余额等宏观经济基本面因素是决定人民币外汇市场中长期压力的最重要、最基本的因素。而微观投资者的短期交易行为是影响外汇市场压力短期变动最直接的原因。

这里之所以将外汇储备、贸易余额划分为国内经济因素进行分析，是因为贸易和储备积累是本国与外国发生经济关系的结果，是本国的主动行为产生的结果。而后面分析的国际经济冲击，则是侧重于分析源头完全产生于国外的经济因素，如国外的量化宽松政策、国际原油价格冲击等。

三、人民币外汇市场压力的国际经济冲击概述

随着我国与其他国家经贸往来的加深，人民币汇率不可避免地受到复杂多变的国际经济局势的影响。其他国家，尤其是美国等发达国家的货币金融政策，国际重要商品和金融产品价格变动等都会对人民币汇率产生短期冲击压力。

例如，自 2008 年全球金融危机至今，美国先后实施了三轮量化宽松的货币政策①。随着近几年全球经济疲软，日本、欧洲也纷纷推出量化宽松政策，希望借此刺激经济增长、增加消费。这种极低的利率会造成我国与这些国家利差的拉大，从而促使热钱涌入我国，给人民币带来升值压力。而美国量化宽松政策的推出，也推高了国际大宗商品价格，从而间接对人民币汇率形成市场压力。与宽松货币政策相反，美国紧缩性的货币政策则会给人民币兑美元汇率带来贬值压力，随着美国经济的复苏，2015 年12 月美联储开始加息，这导致人民币兑美元汇率连续 9 日下调，承受巨大的贬值压力。

此外，国际大宗商品价格的剧变也会给各国货币带来升值或贬值的压

---

① 所谓量化宽松的货币政策，是指货币当局向市场投放大量货币并维持长期超低利率的货币政策。2008 年 11 月 25 日，美联储开始实施第一轮量化宽松政策；2010 年 11 月 4 日，美联储启动第二轮量化宽松政策；2012 年 9 月 14 日，美联储麾下联邦公开市场委员会在结束为期两天的会议后宣布，0 ~ 0.25% 超低利率的维持期限将延长到 2015 年中，从 9 月 15 日开始推出进一步量化宽松政策，即第三轮量化宽松政策。

力。例如，2014 年下半年至 2015 年年初，国际原油价格经历了巨幅下跌，从 2014 年 7 月的 103.59 美元/桶下跌至 2015 年 1 月的 47.22 美元/桶，下跌幅度达到 50% 以上，此后，油价在经历了短暂的上调之后，又进一步探底。油价的大幅下跌给石油出口国俄罗斯、加拿大等都带来了沉重打击，造成俄罗斯卢布和加元不断贬值，而我国作为重要的石油进口国，人民币汇率也在一定程度上受到了石油价格冲击带来的外汇市场压力。

国际金融危机也是外汇市场中不可忽视的重要经济冲击。通常来说，发生危机的国家的货币出现大幅贬值，而如果一国与发生危机的国家经济关系密切，那么其货币也将面临较大的贬值压力。例如，1997 年东南亚金融危机期间，不仅整个东南亚国家货币相继贬值，而且日本、俄罗斯、中国香港等经济体也受到严重影响，带动其股市和汇率全面剧烈波动。由于当时中国在资本项下实行了严格管制，因此并没有对人民币带来实际的贬值压力。但是，随着我国经济开放度的不断提高，全方位、高水平对外开放的进程加快，国际金融危机将是人民币外汇市场压力的一个重要的国际经济来源。

第二节 国内经济因素对外汇市场压力的传导渠道及传导效果分析

一、宏观经济基本面因素对外汇市场压力的传导渠道及传导效果

在不同的国家和地区，外汇市场压力的来源并不完全相同，而在不同的时期，外汇市场压力的表现也不尽相同。但总的来看，决定或影响人民币外汇市场压力的因素主要有：国际收支、通货膨胀、经济增长、利差、外汇储备等。其中，国际收支状况是外汇市场压力产生和变动的决定性因素。

（一）国际收支状况对人民币外汇市场压力的影响分析

国际收支是影响汇率变动的传统因素，国际收支通过改变外汇市场压力而进一步影响汇率实际变动。金中夏（2000）[60]、左相国和唐彬文

(2008)[61]、郭路（2012）[62]等都对国际收支与外汇市场压力的关系做了深入研究，认为国际收支最终对汇率存在显著影响。国际收支对人民币外汇市场压力的影响途径如图3-1所示。

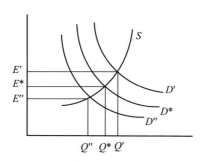

图3-1　国际收支状况对人民币外汇市场压力的影响

图3-1中，横轴为人民币的国际需求量Q，纵轴为人民币汇率E。假设当前国际收支平衡，汇率为E^*。从对人民币需求的角度看，假设当前人民币供给不变，当国际收支顺差时，即国外对中国的商品和资产需求大于中国对外国商品和资产的需求时，那么人民币的需求量将增加，需求曲线从D^*移动到D'，人民币面临升值压力。央行如果要稳定汇率，可以在外汇市场上买入外币，卖出人民币，减小人民币的相对需求量。

当我国国际收支逆差时，我国对外汇的需求增加（即外国对人民币的需求相对减少），需求曲线从D^*下移到D''，人民币面临贬值压力。

在国际收支中，经常账户收支尤其是贸易收支对人民币带来了明显的外汇市场压力。例如，美国在1870~1970年一直保持贸易顺差，因此，美元持续坚挺；但此后美元长期的贸易逆差致使美元的国际地位开始受到动摇。而我国长期的贸易顺差一直以来是国际社会要求人民币升值的重要原因，虽然人民币汇率在央行的调控下基本维持着稳定，但是国际上要求人民币升值的压力始终存在。

（二）通货膨胀对人民币外汇市场压力的影响分析

根据一价定律，在自由竞争的市场上，同一商品在不同国家经过汇率折算后的售价相等。从这个意义上讲，两国货币之间的汇率是两国物价水平之比。在其他条件不变的情况下，若本国发生通货膨胀，那么该国货币所代表的价值量就会减少，进而导致本币存在贬值压力。

具体来讲，通货膨胀主要通过三个渠道给人民币汇率变动带来压力。

首先，从贸易渠道来看，如果中国发生较高水平的通货膨胀，那么我国出口商品和劳务的成本会相应提高，出口商存在提高出口价格的压力和动机，从而削弱我国商品和劳务的国际竞争力，影响出口收入水平。同时，在汇率不变的前提下，进口商品会变得更具有吸引力，从而刺激进口，增加外汇支出。出口的削弱和进口的增加导致我国经常项目收支顺差减小，从而减小人民币的升值压力或带来人民币的贬值压力。

其次，从资本渠道来看，本国通货膨胀会降低本国的实际利率，造成我国与其他国家正向利差的收窄甚至出现负向利差（即本国实际利率与外国实际利率之差下降），从而导致资本流入的减少甚至资本流出，带来资本项目收支的恶化。这种对人民币资产需求的减少将给人民币带来贬值压力。

最后，通货膨胀会打击投资者对本国经济的信心，从而产生对人民币贬值的预期。而投机者相应的投机炒作更会加剧人民币面临的贬值压力。

（三）经济增长对人民币外汇市场压力的影响分析

经济增长对汇率的影响途径和影响方向并不确定。一般来说，如果一国经济增长率比较高，那么国民收入的增速也会较快，从而提高该国对国外商品和劳务的需求，进而增加进口。而从出口的角度看，经济增长的加快也会带来生产力的提高和出口的增加。此时汇率变动的压力方向则取决于出口与进口的相对变化水平。如果出口大于进口，那么本国货币面临升值压力。反之则为贬值压力。

我国作为重要的出口导向型国家，经济增长与出口部门的联系非常密切，因此经济增长率的提高通常会给人民币带来升值压力，而经济增长速度的放缓又会给人民币带来贬值压力。经济增长水平对人民币变动产生压力的渠道如下所述。

首先，从经常账户来看，经济增长伴随着出口的快速增长，使得出口的增加值大于进口增加值，从而导致对国际上人民币的需求增加，给人民币带来升值压力。

其次，从资本账户来看，经济增长水平的提高，尤其是经济增长速度的加快，会吸引国内外投资者在中国进行投资从而获得高额资本收益，这会导致人民币资产的需求提高，给人民币带来升值的压力。

最后，中国经济的欣欣向荣也给国际投资者带来了信心，产生对人民币升值的预期。而国际投机商基于人民币升值预期判断的投机操作更是直接给人民币带来了升值压力。

而当中国经济发展速度放缓，中国经济结构转型，进入"新常态"时，经济增长对人民币带来的升值压力也会随之减弱。此时如果出现对中国经济的看空预期，那么人民币甚至将在短期内面临贬值压力。例如，2015年年初，人民币连续多个交易日"逼近跌停"，其中虽有央行主动调控的成分在内，但更是我国经济增速放缓这一基础因素必然导致的结果。2015年8月，人民币兑美元中间价一次性下调125个基点，一方面，我国经济增速放缓降低了人民币此前长期面临的升值压力，为人民币汇率向下浮动奠定了基础；另一方面，人民币兑美元中间价的下调也为刺激中国经济出口、带动中国经济增长创造了条件。

（四）中外利差对人民币外汇市场压力的影响分析

通常来说，在资本的流动性和安全性一定时，国际利率的不同会导致国际短期资本流动，从而影响对货币的需求和供给，进而影响汇率。当一国的利率水平相对较高时，外国资本倾向于流入国内，由于这些资本在流入国内之前通常要兑换为本国货币，因此对本国货币的需求增加，给本币带来升值压力；而当一国利率水平相对较低时，短期资本又会流出本国，从而减少了对本国货币的需求，给本币带来贬值压力。

当然，利率本身并不能决定国际短期资本的进出。短期资本的跨境流动与利率、预期汇率和通货膨胀水平三者密切相关。首先，根据"利率平价理论"，只有当本国利率加预期本国汇率变动率之和大于外国利率时，国外资本才有动力流入本国。其次，对利率的考察需要还需要考虑实际利率水平。即便一国的名义利率水平较高，但如果该国存在严重的通货膨胀，那么实际利率可能反而更低，从而使本国货币失去吸引力。

对于人民币来说，由于我国长期存在较为严格的资本项目管制，国内利率水平相对较高。图3-2描述了2008年1月到2015年6月间我国上海同业拆借利率与美国联邦基金利率之差。从图中可以看出，我国近年来维持着高于美国的利率水平，从这个角度来讲，较大的利差水平给人民币带来了升值压力。但随着我国市场化改革的推进，中美利差有收窄的趋势，特别是当美国主动加息时，利差的缩减会给人民币带来贬值压力①。

---

① 在美国经济复苏的预期下，2015年12月美联储开始加息，这导致人民币兑美元汇率连续9日下调，承受巨大的贬值压力。

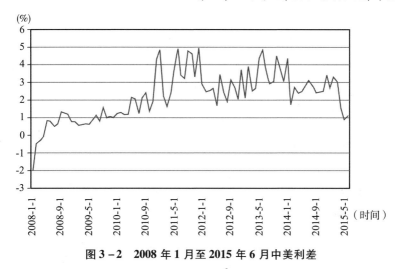

图 3 – 2　2008 年 1 月至 2015 年 6 月中美利差

（五）外汇储备对人民币外汇市场压力的影响分析

一方面，一国外汇储备充足与否是该国进行国际清偿、干预市场、维持汇率稳定能力的反映，充足的外汇储备有助于投资者建立对本国货币的信心；另一方面，充足的外汇储备也与国际收支顺差紧密相关。因此，充足的外汇储备往往给本国货币带来升值压力；而外汇储备的不足则倾向于给本国货币带来贬值压力。

外汇储备对汇率变动压力的作用途径主要有两个：第一，直接途径。外汇储备的多少可以影响投资者对本国货币的信心，从而影响对本国货币的需求。例如，1997 年东南亚金融危机期间，东南亚各国外汇储备的不足给予投机者持续攻击汇率的信心，给各国货币带来的巨大的贬值压力。第二，间接表现。这一点对人民币来说尤为重要。我国巨额的外汇储备实际上是贸易长期顺差带来的结果，因此外汇储备的充足是贸易顺差的表现形式。当我们观察到外汇储备的增减时，这通常是经常账户变动导致的结果。因此，外汇储备对人民币外汇市场压力的影响方向往往与国际收支的影响方向一致。当外汇储备增多时，人民币有升值压力；反之则有贬值压力。

二、微观交易者交易行为对外汇市场压力的传导渠道及传导效果

与宏观基本面因素相比，外汇市场的微观结构和市场参与者的预期行

为更直接地影响着外汇市场的短期压力（一般短于 1 年）和超短期压力（一般短于 1 个月）。弗兰克尔和弗洛特（Frankel and Froot，1990）[63]、阿伦和泰勒（Allan and Taylor，1992）[64]的研究发现，外汇市场中存在着基本面分析者和技术分析者。德格罗维和格里马尔迪（De Grauwe and Grimaldi，2006）[65]、曼赞和韦斯特霍夫（Manzan and Westerhoff，2007）[66]等都采用了这一划分标准，研究了交易者的行为对汇率的影响。

其中，基本面分析者通常根据对基本面信息的分析和判断，形成对汇率变化的预期，从而进行交易。从这个角度讲，基本面分析者是宏观基本面压力向汇率进行传递的"媒介"。该类交易者首先获得了关于宏观基本面的信息，例如，国际收支顺差进一步增加、经济增长率提高等"信息"，进而对汇率走势的产生预期，并根据自己的判断进行外汇买卖，影响外汇的供求关系，当多数交易者预期相同或相近时，则产生了汇率变动的压力因素。

技术分析者不太关注汇率的宏观基本面因素，而是更加关注汇率本身的趋势性变动，根据汇率数据的走势情况对汇率的未来动态形成预期，进行外汇买卖操作，从而影响外汇的供求数量，进而给汇率的变化带来压力。外汇市场压力的方向是市场中所有交易者交易行为共同作用的结果。

微观交易者交易行为分析与宏观经济基本面分析相比，后者重点关注了外汇供求变化对汇率带来的中长期压力，而前者则重点分析了外汇供求变化对汇率的短期甚至超短期压力。

微观交易者交易行为的分析中，基本面分析者将宏观与微观的因素有机地结合起来，他们根据宏观信息形成预期、进行微观外汇买卖操作，这成为宏观因素向汇率进行传导的一个重要渠道。本书在前述分析宏观经济基本面因素对人民币外汇市场压力的过程中，也将这一渠道纳入了分析的框架。而技术分析者根据汇率本身的趋势性特征形成预期，则成为微观视角分析的一个相对独立的特点。由于本书主要讨论全面、高水平开放进程中人民币面临的外汇市场压力和央行的政策选择，而技术分析者的技术分析行为与经济开放程度的关系并不密切，因此本书对这一微观视角不做赘述。

第三节　国际经济冲击对人民币外汇市场压力的影响分析

一、国际经济冲击及其对人民币外汇市场压力的传导渠道

本书所指的国际经济冲击，是指源头完全产生于国外的经济因素对一国汇率变动产生的压力，例如，美国量化宽松政策等外国货币政策冲击、国际原油价格大幅波动等国际大宗商品和金融产品价格冲击、国际金融危机等。由于冲击是一个短期（通常指 1 年以内）或中期（通常指 1~5年）的概念，因此，国际经济冲击带来的外汇市场压力也是短期压力或中期压力。一国经济开放度越高，其面临的国际经济冲击因素便越多，其货币所承受的国际经济冲击带来的外汇市场压力也越大。

（一）外国货币政策对人民币外汇市场压力的传导渠道

国际上其他国家的货币政策在影响国内经济的同时，也会通过汇率、进出口贸易、国际投资等影响与之关系密切的其他国家。其中影响最大的莫过于美国等发达国家的量化宽松的货币政策。首先，量化宽松的货币政策的本质决定了它比一般的货币政策对国际上其他国家更具影响力。量化宽松的货币政策是指货币当局向市场投放大量货币并维持长期超低利率的货币政策。由于这是一种非常规的以货币手段来刺激经济的计划，因此是一种货币冲击。其次，美国、欧洲等实行的量化宽松货币政策影响力更大，这是因为，一方面，其货币作为国际货币，被更多的国家作为价值尺度、交易媒介、流通手段，国际货币对外价值的变化将直接影响其他货币的双边汇率；另一方面，这类经济体经济总量大、经济开放度高，与其他国家的经贸联系密切，因此，其货币政策的效果更加容易跨越国境向外蔓延。

对于我国来说，由于我国与美国经济关系非常密切，因此，美国量化宽松货币政策是给人民币汇率变动带来压力的重要货币政策。美国自 2008年金融危机至今，为刺激国际经济复苏共实施了三轮量化宽松的货币政策，每次量化宽松货币政策的实施和退出，都给人民币带来了相应升值或

贬值的压力。例如，继2008年11月至2010年3月、2010年11月至2011年6月之后，2012年9月美国实施了第三轮量化宽松的货币政策，直到2013年12月才开始宣布开始缩减每月资产购买规模，2014年11月正式结束其长期实施的资产购买计划，从而终结了这一轮量化宽松政策，这次货币政策被看作"史上最大规模的货币实验"。由图3-3可以看出，在美国开始实施第三轮量化宽松货币政策以后，人民币兑美元持续升值，而当美国宣布开始退出第三轮量化宽松货币政策之后，人民币兑美元经历了一段较为明显的贬值。

图3-3　2012年7月至2014年11月人民币兑美元汇率变化趋势

美国量化宽松货币政策主要通过三个渠道给人民币汇率变动带来压力。

第一，资本渠道。美国超低利率的实施促使国际热钱流出美国，流向利率水平较高的中国等国，国际资金的流入增加了兑换人民币的需求，从而给人民币带来升值压力。

第二，贸易渠道。美国量化宽松政策刺激了国内的消费，也增加了进口。我国作为重要的出口大国，出口量相应增加，从而带来贸易顺差的增加，这给人民币带来潜在的升值压力。

第三，相对汇率的变化。美国向市场大量投放美元，会直接导致美元供给的增加，带来美元的贬值，从而使得人民币兑美元币值有上升趋势。当然，美国量化宽松政策不仅对中美汇率产生冲击，也对人民币名义有效汇率指数实际有效汇率指数的变化带来了压力①。图3-4是人民币有效汇率指数在2012年8月到2014年10月的变化趋势，其中实线表示人民币实际有效汇率指数，虚线则刻画了人民币名义有效汇率指数。尽管人民币实际有效汇率和名义有效汇率在这段时间保持着相同的变化趋势，但是我们可以明显地发现，在美国开始实施第三轮量化宽松货币政策以后，人民币存在着长期的升值趋势，而在美国宣布开始退出这一轮量化宽松政策后，人民币经历了明显的回调。由于央行干预的存在，人民币面临的外汇市场压力虽不一定完全反映在汇率的变化上，但是人民币汇率的实际变动在一定程度上反映了潜在的外汇市场压力。

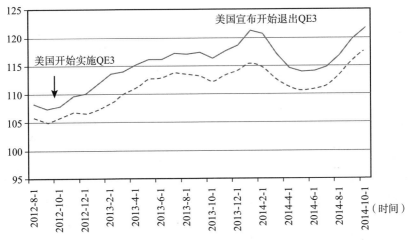

图3-4　2012年8月至2014年10月人民币有效汇率指数变化趋势

（二）国际大宗商品和金融产品价格对人民币外汇市场压力的传导渠道

在国际市场上，大宗商品一般是指被广泛作为工业基础原材料的、同质化且可交易的商品，如国际原油、钢铁、农产品、煤炭等。金融产品包括外汇、黄金以及股票、金融衍生产品等有价证券。

汇率作为一国货币的对外价格，与国际大宗商品和金融产品价格息息相关。当这些商品和产品的价格发生变化时，可通过影响进出口价格、资金流动、投资者或投机者心理预期等各种因素给人民币的变动带来压力。

---

① 一国的名义有效汇率等于其货币与所有贸易伙伴国货币双边名义汇率的加权平均数，如果剔除通货膨胀对各国货币购买力的影响，就可以得到实际有效汇率。

从贸易渠道上看，如果一国是国际大宗商品重要的进口国或出口国，那么大宗商品价格的变化可以通过影响进口价格或出口价格，进而影响进口或出口数量，来影响国际贸易差额。而国际贸易的顺差或逆差的变化又会给该国货币对外价值的变化带来压力。

从资本渠道上看，国际金融产品的价格变化会导致投资者预期收益率的变化，从而改变投资者的资产配置，改变国际资本的流动方向。当一国面临大规模的资本流入时，该国货币因需求量的上升而承受较大的升值压力；反之则面临贬值压力。

此外，投资者或投机者的心理预期及市场操作也会直接影响外汇市场供求状况，带来短期外汇市场压力。例如，当投资者（无论是基本面分析者还是技术分析者）预期一国股票等金融资产价格大幅下跌时，对未来收益预期的减少和安全性的担忧通常会促使他们将配置在该国的资产转移到其他国家，引起资本外逃；而外国投资者也会减少对本国金融资产的继续投资，从而减少资本流入。资本流入的减少和资本流出的增加会给本国货币带来贬值压力。投机者的顺势炒作行为也会进一步加剧本国货币的贬值压力。

值得注意的是，国际大宗商品和金融产品价格往往与美元汇率存在相互影响的关系。这是因为大多该类产品是以美元标价，所以当美元贬值时，会带来该类产品价格上涨，而产品价格的上涨又会通过贸易、资本等渠道反过来影响美元与其他国家的双边汇率。本节第二部分将以国际原油价格冲击为例，具体分析在我国资本账户管制和逐步放开的现实条件下，国际经济冲击如何影响人民币外汇市场压力的变化。

（三）国际金融危机对人民币外汇市场压力的传导渠道

金融危机是金融风险积聚到一定程度后的大爆发，集中表现为全部或大部分金融指标（如短期利率、资产价格、金融机构倒闭数等）急剧、短暂的恶化，并且已经对经济发展带来了毁灭性的影响[①]。20 世纪 80 年代以来，随着经济全球化、金融国际化发展，一国金融危机很容易蔓延至周边国家或其他国家，从而使得金融危机呈现国际性。

国际金融危机通常表现为国际资本市场股市暴跌、危机所在国资本外逃、银行挤兑、金融机构大量破产倒闭、外汇储备大量减少，并伴随着本

---

① 约翰·伊特韦尔，默里·米尔盖特，彼得·纽曼. 新帕尔格雷夫经济学大辞典［M］. 北京：经济科学出版社，1992.

币贬值。由于国际金融危机的表现形式多样、影响范围很广，因此对外汇市场压力的传导是全方位的。

一般来说，国际金融危机会对危机发生国的货币带来强烈的贬值压力，资本的外逃和外汇储备的骤减都会造成本国货币被大量抛售，给本国货币带来贬值压力，由于这种压力非常强烈，在没有足够的外汇储备做支撑的情况下，即便是实行固定汇率制度，本币也会贬值。1997年爆发的东南亚金融危机中，泰国、印度尼西亚、马来西亚、菲律宾等国货币纷纷贬值。

国际金融危机还会给其他与危机发生国经济模式相似或地缘接近的国家带来货币贬值压力。一方面，这些国家经济模式类似，存在相似的危机诱因，例如，亚洲金融危机爆发之前，东南亚国家普遍存在着市场体制发育不成熟、外资结构不合理、还债能力低下等问题，因此，一旦一国爆发危机，市场参与者会预期与其相似的国家也会面临问题，因此抛售此类国家的货币；另一方面，危机爆发国与周边国家经贸往来密切，一国爆发危机往往会影响周边国家的贸易与投资，给周边国家货币带来贬值压力。

当然，由于汇率是两国货币的相对价格，危机发生国货币币值的下降一般会带来受危机影响较小的国家的货币相对升值。

二、国际经济冲击对人民币外汇市场压力的分析框架：以国际原油价格冲击模型为例

鉴于我国目前资本账户尚未完全放开，因此国内外金融产品价格变动并不能完全导致投资者跨国资产配置的改变。而国际金融危机是发生特殊时期的特殊情形，本书重点讨论的是经济基本稳定的前提下的国际经济冲击的传导，因此，本书选取大宗商品价格冲击对人民币外汇市场压力的影响进行深入的理论模型分析，以使分析更具有现实意义。

考虑到我国长期以来都是主要的石油进口国，2014年石油的对外依存度已接近60%[1]，石油价格的变化不仅关系到我国的能源安全，而且直接

---

[1]　中国石油集团经济技术研究院2015年1月28日发布《国内外油气行业发展报告》，指出2014年我国石油依存度达到59.5%。

影响到我国商品的进口成本和经济稳定①，因此下面以国际原油价格冲击为例，创造性地建立了局部动态均衡资产选择模型，就这一国际经济冲击对人民币外汇市场压力的传导渠道和传导效果进行了分析。这一研究不仅有助于我们深入理解人民币汇率形成机制，防范人民币国际化进程中的汇率风险，而且有利于把握"新常态"下中国金融改革的内外部环境，也为分析其他经济冲击对人民币外汇市场压力的影响提供了一个分析框架。

（一）国际原油价格冲击与外汇市场关系的文献综述及评价

20 世纪 70 年代以来，伴随着石油危机的频发，学者们开始关注于油价冲击对汇率变动影响。油价冲击对汇率变动产生压力，进而影响汇率的实际变动。克鲁格曼（Krugman，1983）[67]通过构建理论模型，指出石油价格主要通过贸易账户和国内物价等渠道影响汇率的变动。由于石油以美元标价，因此大量国外学者关注于石油价格与美元汇率间的长期关系，但目前学界却未能在油价对汇率的影响机制和方向等问题上能达成一致意见。部分学者的研究得出油价升高会引起美元升值的结论（Diboŏglu，1997；Chen and Chen，2007），而利萨尔多和莫里克（Lizardo and Mollick，2010）研究了石油价格与美元汇率的相互关系后，却认为二者存在一种长期的负向关系。另外，也有一些学者以石油出口国为研究对象，研究石油价格变动与该类国家的货币汇率之间的关系（Chaudhuri and Daniel，1998[68]；Ferraro，2012[69]；Sosunov and Zamulin，2006[70]）。其中，索苏诺夫和赞穆林（Sosunov and Zamulin，2006）通过构建校准的一般均衡模型并进行推导后发现：持久的油价上升能够有效解释俄罗斯卢布 1998 ~ 2005 年的升值。而纳赛尔和基斯沃尼（Nusair and Kisswani，2014）[71]则从一个新的角度，运用 Johansen 协整检验方法，研究了存在结构断点的情况下石油价格和亚洲国家汇率之间的长期关系。研究发现，在考虑了结构断点（如金融危机前后）的情况下，多数亚洲国家的货币汇率与油价存在长期关系，这在很大程度上拓展了已有的研究成果，为理解石油价格和汇率波动间的关系提供了一种新的思路。

虽然中国同属于石油进口大国，但上述对石油进口国的研究中，却较少有学者关注石油价格冲击对人民币汇率的影响。黄和郭（Huang and

---

① 中国财政部副部长朱光耀 2015 年曾表示，中国经济发展外部环境非常复杂极具挑战性。他预计包括石油等大宗商品价格将继续下行是中国经济发展外部环境的不确定性条件之一。

Guo，2007)[72]等学者就 1999~2005 年石油价格冲击对人民币汇率的作用进行实证研究后发现，由于我国实施了"盯住美元"的汇率制度和严格的能源管制政策，石油冲击的实际作用很小。但张庆君（2011）以 2001~2010 年为研究区间的实证研究则发现，国际原油价格上涨对人民币实际有效汇率产生显著的负向影响，认为目前人民币汇率波动在一定程度上会受到国际石油价格的影响。可见，目前学者们对石油价格和人民币汇率间的关系研究尚存在很大争议，同时研究方法也比较局限，已有的研究多停留在计量分析层面，缺乏理论层面的分析，仍有待后续研究的拓展与补充。

而考虑到在我国汇改的过程中，不同时期的人民币汇率数据存在较大差异，因而单纯就石油价格对人民币汇率的影响进行实证分析，不仅会得到不同的结论，而且有可能造成结果的失真，缺乏对实践的指导意义。因此，有必要建立理论模型以弥补现有研究不足，从理论分析的层面就石油价格冲击对人民币汇率的传导渠道进行研究，进而为理解石油冲击对人民币汇率的影响提供更为全面的思路。随着我国高水平对外开放的进行，这一研究不仅有助于判断未来油价冲击的影响和效果，同时也有利于对相关的冲击风险做出有效的预测和评判。

（二）石油价格冲击对人民币外汇市场压力的影响及传导渠道

2014 年下半年至 2015 年年初，国际原油价格经历了巨幅下跌，从 2014 年 7 月的 103.59 美元/桶下跌至 2015 年 1 月的 47.22 美元/桶，下跌幅度达到 50% 以上，此后，尽管原油价格经历了小幅上调，但接下来又进一步探底。油价的这种剧烈变动，给包括中国在内的主要石油输入国和输出国的经济稳定以及汇率稳定均带来不同程度的冲击。而作为中国与世界经贸往来的重要纽带，人民币也不可避免地受到国际油价变动的影响。随着我国人民币国际化战略的推进和汇率市场化改革的深入，国际油价的变动正日渐成为影响人民币汇率变动的重要国际因素。

目前全球原油交易价格中最重要的两种价格分别为纽约商品交易所的西得克萨斯原油（WTI）价格和伦敦国际石油交易所的北海布伦特原油（Brent）价格。从历史上看，二者走势大致相近（见图 3-5）。在 2008 年金融危机之后，长期攀升的油价开始快速直线下跌，至 2009 年 1 月左右到达谷底。经历了几年的恢复期之后，从 2014 年下半年开始，国际油价又开始经历了新一轮的跳崖式下降。

图 3 – 5　2000 ~ 2015 年国际原油月度价格走势

　　作为重要的石油进口国，国际油价近年来的这种频繁波动，无疑对中国经济造成了多方面的影响，而这些影响又通过多个渠道交叉传导，给人民币汇率变动带来压力。本部分将以油价下跌为例，以石油进口成本为分析起点，就石油价格对人民币外汇市场压力的传导原理和传导途径进行具体分析（见图 3 – 6）。

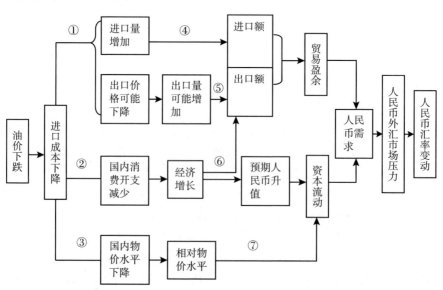

图 3 – 6　国际原油价格下跌对人民币汇率的传导渠道

如图 3-6 所示，我国石油进口成本下降主要通过三条渠道给人民币带来外汇市场压力，并进而影响人民币汇率变动。

第一，进口成本下降会导致我国扩充石油储备（①），石油的需求量因此会大幅上升，从而影响进口总额。由于价格下跌，需求上升，因而进口额的增减取决于我国的石油进口价格需求弹性（④）。同时，进口成本的下降还可能会促使建材等石化相关产业降低出口产品价格以扩大出口总量（①），争取更大的国际市场，而出口额是否增加则要取决于国外对我国出口商品的需求价格弹性（⑤）。两相比较，如若进口额减少而出口额增加，则我国贸易盈余将会增加，增加的外汇收入将推高人民币的兑换需求，进而给人民币带来升值压力，反之则给人民币带来贬值压力。

第二，石油进口成本的下降节省了我国居民在油气消费方面的开支，这相当于增加了我国家庭收入，有利于推动我国经济增长。居民因此会增加对进口产品的需求，从而推动进口额的上升；企业也会扩大产出、增加出口，从而影响我国的贸易盈余（⑥）。与此同时，我国经济增长会带来对人民币升值的预期，吸引国际资本的流入，从而给人民币带来升值压力。

第三，进口成本的下降会降低我国的物价总水平（③），当我国物价水平的下降高于其他国家物价水平的下降时，即中国的通货膨胀风险更低时，国际资本可能会流入我国，从而产生人民币升值压力；反之则反是（⑦）。而从另一个角度分析，根据购买力平价理论，一国相对通胀率的下降也同样会引起本国货币的升值压力的产生。

这三条渠道对人民币外汇市场压力的传导最终都会聚至贸易与资本两个方面。值得注意的是，当比较双边汇率（如中美汇率）时，如果对方与我国同属于石油进口国，则双边汇率也会取决于两国的相对情况。例如，石油价格的下降无论从个人消费还是产业增长都使中、美两国受益，但如果美国与油价下跌关系更加密切，从中获益更大，那么尽管人民币会对石油出口国货币有升值压力，但人民币兑美元却很有可能存在贬值压力。因此，下一部分将通过构建理论模型，具体分析人民币外汇市场压力的相关走向。

（三）理论分析：考虑资本管制的动态局部均衡资产选择模型

本书在克鲁格曼（Krugman，1983）动态局部均衡资产选择模型的基础上进行拓展，将资本管制和需求价格弹性考虑在内，模拟油价下跌对人民币的压力走向。模型假定存在三个国家：石油输出国（OPEC）、中国

（C）和美国（A）。世界上存在两种货币：美元和人民币，中美汇率为 e，即一美元能够兑换的人民币数量。尽管我国目前实行有管理的浮动汇率制度，央行调控汇率是一种常态，但外汇市场压力仍会在一定程度上引起汇率的实际变动，为了分析的便捷，下面直接以汇率的实际变动表示压力的走向。具体分析如下所述。

1. 经常账户的分析

关于经常账户，本书做出以下假定：

OPEC 将石油输出至中国和美国，石油价格外生给定（表示为 $\overline{P^O}$）；

中国和美国互相出口产品，并向 OPEC 出口产品，中国和美国的出口产品价格分别为 P^C 和 P^A；

所有出口产品都以美元标价；

中国对美国保持贸易盈余（$B(e)>0$）；马歇尔勒纳条件①成立，即 $\partial B(e)/\partial e>0$。

由此，可以推出三个国家的经常收支（CA）表达式：

- OPEC：$CA^O=\overline{P^O}\left[Q^A(\overline{P^O})+Q^C(\overline{P^O})\right]-\left[X^C(P^C)\times P^C+X^A(P^A)\times P^A\right]$
- 中国：$CA^C=B(e)+X^C(P^C)\times P^C-\overline{P^O}\times Q^C(\overline{P^O})$
- 美国：$CA^A=-B(e)+X^A(P^A)\times P^A-\overline{P^O}Q^A(\overline{P^O})$

Q^A 和 Q^C 分别是美国和中国的石油需求量，它们都是石油价格 $\overline{P^O}$ 的函数。X^C 是 OPEC 对中国产品的需求量，它是中国出口产品价格 P^C 的函数。X^A 是 OPEC 对美国产品的需求量，它是美国出口产品价格 P^A 的函数。

2. 资本与金融账户的分析

分析资本与金融账户时，假设：

国际金融市场有两种资产：美元资产和人民币资产，其每期平均收益率分别为 r_t^A 和 r_t^C。

由于我国目前存在资本管制，人民币尚不能完全自由兑换，因此我们假设人民币只能由中国本国持有，而美元可由三个国家持有。

在每一期，所有的国家在进行利息收付、形成新的财富水平之后，都要决定如何将财富分配至金融市场以获取下一期的收益。

根据以上假定，以美元表示的各国财富及财富分配情况表示如下：

- 中国：中国将财富的 f^C 部分投资到人民币资产上，（$1-f^C$）部分投资到美元资产上，因此有：

---

① 马歇尔勒纳条件（Marshall – Lerner condition）是指当长期出口和进口价格弹性之和大于或等于1时，本币的贬值能够改善国际收支状况。

人民币资产满足:

$$\frac{1}{e}R_t^C = f^C W_t^C \qquad (3.1)$$

美元资产满足:

$$F_t^C = (1 - f^C)W_t^C \qquad (3.2)$$

其中,W_t^C 是中国的财富,满足:

$$
\begin{aligned}
W_t^C &= F_t^C + \frac{1}{e}R_t^C \\
&= W_{t-1}^C + IR_{t-1}^C + CA_t^C \\
&= F_{t-1}^C(1 + r_t^A) + \frac{1}{e}R_{t-1}^C(1 + r_t^C) - \frac{1}{e}R_{t-1}^C r_t^C + [B_t(e) + \\
&\quad P_t^C \times X_t^C(P_t^C) - \overline{P_t^O} \times Q_t^C(\overline{P_t^O})]
\end{aligned} \qquad (3.3)
$$

其中,IR_{t-1}^C 是中国上一期的投资回报,由于人民币资产的投资回报也是由中国本国支付,因此在计算中国财富时需要将本国支付部分 $\frac{1}{e}R_{t-1}^C r_t^C$ 减掉。

- OPEC:由于 OPEC 会将所有财富投资到美元资产,因此有:

$$F_t^O = W_t^O \qquad (3.4)$$

$$
\begin{aligned}
W_t^O &= W_{t-1}^O + IR_{t-1}^O + CA_t^O \\
&= F_{t-1}^O(1 + r_t^A) + \overline{P_t^O}[Q_t^A(\overline{P_t^O}) + Q_t^C(\overline{P_t^O})] - \\
&\quad [P_t^C \times X_t^C(P_t^C) + P_t^A \times X_t^A(P_t^A)]
\end{aligned} \qquad (3.5)
$$

其中,IR_{t-1}^O 是 OPEC 上期投资回报。

- 美国:美国也会将全部财富以美元资产的形式持有,因此有:

$$F_t^A = W_t^A \qquad (3.6)$$

$$
\begin{aligned}
W_t^A &= W_{t-1}^A + IR_{t-1}^A + IP_t^A + CA_t^A \\
&= F_{t-1}^A(1 + r_t^A) - F_{t-1}^A r_t^A - (F_{t-1}^C r_t^A + F_{t-1}^O r_t^A) - \\
&\quad B_t(e) + P_t^A \times X_t^A(P_t^A) - \overline{P_t^O} \times Q_t^A(\overline{P_t^O})
\end{aligned} \qquad (3.7)
$$

公式(3.7)中,IR_{t-1}^A 是美国上期投资回报。由于美元资产的投资回报是由美国本国支付,因此在计算美国财富时应将 $F_{t-1}^A r_t^A$ 减掉。此外,在 t 期美国需支付上一期的利息($F_{t-1}^C r_t^A + F_{t-1}^O r_t^A$),表示为 IP_t^A。由于各国在本期首先进行上期投资回报的收取以及利息的支付,从而与上期财富和本期经常账户顺差共同形成本期财富水平,在此之后再决定如何将财富在不同币种的资产之间进行分配以获取下一期的收益,因此,投资本金并不出现在财富水平的表达式中。

3. 市场出清条件

美元资产市场：

$$F_t^A + F_t^C + F_t^O = (1 + g_t^A)(F_{t-1}^A + F_{t-1}^C + F_{t-1}^O) \quad (3.8)$$

人民币资产市场：

$$\frac{1}{e}R_t^C = \frac{1}{e}R_{t-1}^C(1 + g_t^C) \quad (3.9)$$

以上两式均以美元表示货币价值，其中 g_t^A 和 g_t^C 分别表示美元资产市场和人民币资产市场的增长率，是外生给定的。为简化分析，本书在此只计算人民币资产市场均衡条件，事实上，使用美元资产市场均衡条件计算的结果与人民币资产市场一致。联立公式（3.1）、公式（3.3）、公式（3.9）可得：

$$f^C F_{t-1}^C(1 + r_t^A) + \frac{1}{e}f^C R_{t-1}^C + f^C \left[B_t(e) + P_t^C \times X_t^C(P_t^C) - \overline{P_t^O} \times Q_t^C(\overline{P_t^O}) \right]$$

$$= \frac{1}{e}R_{t-1}^C(1 + g_t^C) \quad (3.10)$$

公式（3.10）两边取全微分可得：

$$\frac{\mathrm{d}e}{\mathrm{d}\overline{P_t^O}} = \frac{f^C\left(Q^C + \overline{P_t^O} \times \dfrac{\partial Q_t^C}{\partial \overline{P_t^O}}\right)}{f^C\dfrac{\partial B_t(e)}{\partial e} + e^{-2}R_{t-1}^C(1 + g_t^C - f^C)} \quad (3.11)$$

4. 模型结论

根据公式（3.11），可知当马歇尔勒纳条件成立时，$\partial B(e)/\partial e > 0$，分母显然为正数，因此油价变动对汇率的影响取决于分子的符号，具体分析如下：

如果中国的石油进口价格弹性 $\left| \dfrac{\partial Q_t^C}{\partial \overline{P_t^O}} \times \dfrac{\overline{P_t^O}}{Q_t^C} \right| < 1$，那么 $\left(Q^C + \overline{P_t^O} \times \dfrac{\partial Q_t^C}{\partial \overline{P_t^O}}\right)$ 为正，从而分子为正。在这种情况下，油价的下跌将会导致人民币兑美元产生升值压力，在不考虑其他因素的条件下，会导致人民币兑美元升值；

如果需求价格弹性 $\left| \dfrac{\partial Q_t^C}{\partial \overline{P_t^O}} \times \dfrac{\overline{P_t^O}}{Q_t^C} \right| > 1$，那么 $\left(Q^C + \overline{P_t^O} \times \dfrac{\partial Q_t^C}{\partial \overline{P_t^O}}\right)$ 为负。从而分子为负。在这种情况下，油价的下跌将会导致人民币兑美元产生贬值压力，在不考虑其他因素的条件下，会导致人民币兑美元贬值。

综合上述分析，可知中国的石油进口价格弹性与人民币外汇市场压力的变动直接相关，当石油的进口价格弹性小于 1 时，油价的下跌会引起人民币兑美元的升值压力，反之则引起人民币兑美元汇率的贬值压力。若我国央行不进行外汇市场干预，那么这种压力便会转化为实际汇率的变化。这一结论表明，石油价格是人民币外汇市场压力的重要国际经济来源，而中国对进口石油的依赖程度决定了这种来源的影响方式和方向。

值得说明的是，以上分析是基于我国当下严格的资本管制政策下进行的分析。而随着人民币国际化的推进和资本账户的逐步开放，人民币将不仅为中国所持有，也将为世界其他国家所持有，进而导致油价对人民币外汇市场压力的影响取决于国家之间更多指标的关系。

（四）扩展：高水平对外开放情形下的动态局部均衡资产选择模型

本部分将中国资本管制的条件放宽，假设中国资本账户开放且人民币成为国际货币，在这种情况下，上述模型的设定将发生改变。

1. 资本与金融账户

具体而言，三个国家的经常账户的设定不变，而资本与金融账户方面，假设：

（1）国际金融市场有两种资产：美元资产和人民币资产，其每期平均收益率分别为 r_t^A 和 r_t^C。

（2）人民币和美元是国际货币，可由三个国家持有。

（3）在每一期，所有的国家在进行利息收付、形成新的财富水平之后，都要决定如何将财富分配至金融市场以获取下一期的收益。

根据以上假定，以美元表示的各国财富及财富分配情况表示如下：

● 中国：中国将财富的 f^C 部分投资到人民币资产上，$(1-f^C)$ 部分投资到美元资产上，因此有：

人民币资产满足：

$$\frac{1}{e}R_t^C = f^C W_t^C \qquad (3.12)$$

美元资产满足：

$$F_t^C = (1-f^C)W_t^C \qquad (3.13)$$

其中，W_t^C 是中国的财富，满足：

$$W_t^C = F_t^C + \frac{1}{e}R_t^C$$

$$= F_{t-1}^C(1+r_t^A) + \frac{1}{e}R_{t-1}^C - \frac{1}{e}(R_{t-1}^O + R_{t-1}^A)r_t^C +$$

$$[B_t(e) + P_t^C \times X_t^C(P_t^C) - \overline{P_t^O} \times Q_t^C(\overline{P_t^O})] \tag{3.14}$$

其中，$F_{t-1}^C(1 + r_t^A) + \dfrac{1}{e}R_{t-1}^C$ 是中国上一期财富加投资回报，$\dfrac{1}{e}(R_{t-1}^O + R_{t-1}^A)r_t^C$ 是中国支付的上一期利息，$B_t(e) + P_t^C \times X_t^C(P_t^C) - \overline{P_t^O} \times Q_t^C(\overline{P_t^O})$ 是中国经常账户差额。

• OPEC：OPEC 将财富的 f^O 部分投资到人民币资产上，$(1 - f^O)$ 部分投资到美元资产上，因此有：

人民币资产满足：

$$\frac{1}{e}R_t^O = f^O W_t^O \tag{3.15}$$

美元资产满足：

$$F_t^O = (1 - f^O)W_t^O \tag{3.16}$$

其中，W_t^C 是中国的财富，满足：

$$W_t^A = F_t^O + \frac{1}{e}R_t^O$$

$$= F_{t-1}^O(1 + r_t^A) + \frac{1}{e}R_{t-1}^O \times (1 + r_t^C) + \overline{P_t^O}[Q_t^A(\overline{P_t^O}) + Q_t^C(\overline{P_t^O})] -$$

$$[P_t^C \times X_t^C(P_t^C) + P_t^A \times X_t^A(P_t^A)] \tag{3.17}$$

其中，$F_{t-1}^O(1 + r_t^A) + \dfrac{1}{e}R_{t-1}^O \times (1 + r_t^C)$ 是 OPEC 上一期财富加投资回报，$\overline{P_t^O}[Q_t^A(\overline{P_t^O}) + Q_t^C(\overline{P_t^O})] - [P_t^C \times X_t^C(P_t^C) + P_t^A \times X_t^A(P_t^A)]$ 是 OPEC 的本期贸易差额。

• 美国：将财富的 f^A 部分投资到人民币资产上，$(1 - f^A)$ 部分投资到美元资产上，因此有：

人民币资产满足：

$$\frac{1}{e}R_t^A = f^A W_t^A \tag{3.18}$$

美元资产满足：

$$F_t^A = (1 - f^A)W_t^A \tag{3.19}$$

其中：

$$W_t^A = F_{t-1}^A + \frac{1}{e}R_{t-1}^A(1 + r_t^C) - (F_{t-1}^C + F_{t-1}^O)r_t^A -$$

$$B_t(e) + P_t^A \times X_t^A(P_t^A) - \overline{P_t^O} \times Q_t^A(\overline{P_t^O}) \tag{3.20}$$

公式（3.20）中，$F_{t-1}^A + \dfrac{1}{e}R_{t-1}^A \cdot (1 + r_t^C)$ 是美国上一期财富加投资

回报。

此外，在 t 期美国需支付上一期的利息 $(F_{t-1}^C r_t^A + F_{t-1}^O r_t^A)$。

$-B_t(e) + P_t^A \times X_t^A(P_t^A) - \overline{P_t^O} \times Q_t^A(\overline{P_t^O})$ 表示美国的经常项目差额。

2. 市场出清条件

美元资产市场：

$$F_t^A + F_t^C + F_t^O = (1 + g_t^A)(F_{t-1}^A + F_{t-1}^C + F_{t-1}^O) \qquad (3.21)$$

人民币资产市场：

$$\frac{1}{e}(R_t^A + R_t^O + R_t^C) = \frac{1}{e}(R_{t-1}^A + R_{t-1}^O + R_{t-1}^C)(1 + g_t^C) \qquad (3.22)$$

联立公式（3.12）、公式（3.14）、公式（3.15）、公式（3.17）、公式（3.18）、公式（3.20）、公式（3.22），并取全微分可得：

$$\frac{\mathrm{d}e}{\mathrm{d}\overline{P_t^O}} = \frac{(f^A - f^O)\left(Q_t^A + \overline{P_t^O} \times \frac{\partial Q_t^A}{\partial \overline{P_t^O}}\right) + (f^C - f^O)\left(Q_t^C + \overline{P_t^O} \times \frac{\partial Q_t^C}{\partial \overline{P_t^O}}\right)}{(f^C - f^A)\frac{\partial B_t(e)}{\partial e} + e^{-2}\Omega} \qquad (3.23)$$

$$\Omega = (f^C - f^O)R_{t-1}^O r_t^C + (f^C - f^A)R_{t-1}^A r_t^A + (1 + g_t^C - f^C)R_{t-1}^C +$$
$$(1 + g_t^C - f^A)R_{t-1}^A + (1 + g_t^C - f^O)R_{t-1}^O$$

3. 模型结论

通常情况下，本国持有本币资产的比例一定大于外国持有本币资产的比例，因此有：$f^C > f^A$，$f^C > f^O$，又因为 $\frac{\partial B_t(e)}{\partial e} > 0$，所以分母为正数。

下面讨论分子的情况。

设 $f^A > f^O$，若美国的石油进口价格弹性 $\left| \frac{\partial Q_t^A}{\partial \overline{P_t^O}} \times \frac{\overline{P_t^O}}{Q_t^A} \right| < 1$，且中国的进口价格弹性 $\left| \frac{\partial Q_t^C}{\partial \overline{P_t^O}} \times \frac{\overline{P_t^O}}{Q_t^C} \right| < 1$，则分子为正数，从而 $\frac{\mathrm{d}e}{\mathrm{d}\overline{P_t^O}}$ 为正数。这说明国际原油价格的下跌会导致人民币的升值压力，在央行未进行干预的情况下，会引起人民币兑美元升值。若美国和中国的石油进口价格弹性都大于1，则国际原油价格的下跌会导致人民币的贬值压力，在央行未进行干预的情况下，会引起人民币兑美元贬值。

设 $f^A < f^O$，若美国的石油进口价格弹性 $\left| \frac{\partial Q_t^A}{\partial \overline{P_t^O}} \times \frac{\overline{P_t^O}}{Q_t^A} \right| > 1$ 而中国的进口

价格弹性 $\left|\dfrac{\partial Q_t^C}{\partial P_t^o} \times \dfrac{\overline{P_t^o}}{\overline{Q_t^C}}\right| < 1$，则国际原油价格的下跌会导致人民币的升值压力。若美国的石油进口价格弹性小于1而中国的石油进口价格弹性大于1，则国际原油价格的下跌将会导致人民币兑美元的贬值压力。

综合上述分析可知，在我国全方位、高水平开放、人民币成为国际货币之后，国际原油价格对人民币兑美元汇率的冲击受到美国和中国石油的进口价格弹性以及美国和OPEC对人民币资产持有比例的影响。经济的开放深刻影响着国际经济冲击对人民币汇率的作用方式。

本 章 小 结

本章对高水平开放进程中人民币外汇市场压力的经济来源进行分析，主要分析了经济来源的类型、传导渠道、作用方向以及作用效果。按照人民币外汇市场经济压力的源头来划分，可分为国内经济来源和国际经济来源。在国内来源方面，经济增长、通货膨胀、外汇储备、贸易余额等宏观经济基本面因素是决定人民币外汇市场中长期压力的最重要、最基本的因素，而微观投资者的短期交易行为是影响外汇市场压力短期变动最直接的原因。在国际来源方面，随着我国与世界其他国家经贸往来的不断加深，人民币汇率不可避免地受到复杂多变的国际经济局势的影响，其他国家，尤其是美国等发达国家的货币金融政策，国际重要商品和金融产品价格变动等都会对人民币汇率产生短期冲击压力。本章以美国量化宽松货币政策和国际原油价格冲击为例对国际经济因素的影响进行了深入分析。其中，对美国量化宽松货币政策的数据分析显示，美国量化宽松货币政策的实施和退出通常给人民币分别带来升值压力与贬值压力；而对国际原油价格变动的动态局部均衡资产选择模型分析显示，石油价格是人民币外汇市场压力的重要国际经济来源，中国对进口石油的依赖程度决定了这种来源的影响方式和方向：当石油的进口价格弹性小于1时，油价的下跌会引起人民币兑美元的升值压力，反之则引起人民币兑美元汇率的贬值压力。特别地，在我国资本账户开放之后，国际原油价格对人民币兑美元汇率的冲击不仅受到美国和中国石油的进口价格弹性的影响，而且受到美国和OPEC对人民币资产持有比例的影响，这说明经济的开放深刻影响着国际经济冲击对人民币汇率的作用方式。

第四章

国内政治生态与国际政治冲击

第一节 人民币汇率变动的政治压力概述

一、汇率政治经济学理论

虽然汇率是国家之间货币的兑换比率这一界定已达成共识，但是对于这一兑换比率是由什么决定的却一直没有定论，纯粹的经济学理论在解释诸多汇率问题上都还不能给出完美的回答（张宇燕、张静春，2005）。与传统的蒙代尔－弗莱明模型、均衡汇率模型等单纯从宏观经济视角研究汇率的汇率决定理论不同，20世纪90年代，以弗里登为代表的经济学家开始将研究的目光投向汇率研究的政治领域，并将微观主体与宏观决策相联系，发展出"汇率政治经济学"。

汇率政治经济学理论认为，首先，汇率不仅仅是经济生活的重要内容，还具有特定的政治属性；其次，不同类别的微观主体对汇率政策有不同的偏好，这是因为汇率政策对不同微观主体的福利水平会产生非对称的"分配效应"，从而导致他们的汇率偏好不尽相同；最后，微观主体并不会完全接受既定的汇率政策安排，而是会通过各种途径进行政治游说，从而尽可能地获得有利于己的汇率安排。"汇率政治经济学"可看作"新政治经济学"在汇率领域的应用（刘涛、金洪飞，2012）[73]。它把政治学和国际政治中的变量纳入汇率问题的研究框架中，重视公共选择、集体行动、历史制度等变量对经济过程的影响，同时使用经济学的分析工具，开辟了汇率问题研究的新领域。

从政治属性来研究汇率动态起步较晚，国内外关于政治因素影响汇率的研究也不多见。尽管越来越多的学者开始重视该领域的研究，但大部分研究都集中于探讨政治对汇率制度选择的影响方面（Frieden，1991[74]，1994[75]；Bearce and Hallerberg，2011[76]；Berdiev et al.，2012[77]），较少关注政治因素对外汇市场压力的影响。近年来，随着经济全球化的深化和我国全方位、高水平对外开放的推进，人民币汇率日益受到国际上以美国为代表的国家关注，关于人民币汇率的国际政治压力的经济学研究文章开始出现（张宇燕、张静春，2005；刘涛、周继忠，2011），而关于人民币汇率的国内政治压力的研究目前尚少有涉及（刘涛，2013）。本章将从国内和国际两个角度，系统地分析人民币汇率变动的政治压力来源、传导渠道和传导效果，开拓政治因素对汇率影响研究的新视角。

二、人民币汇率变动的国内政治压力概述

2005 年 7 月 21 日汇率制度改革以来，我国实行有管理的浮动汇率制度，中国人民银行在很大程度上可以自上而下地主导人民币汇率的基本走向①。但这并不意味着人民币汇率完全不会受到国内其他政治压力的影响。

在我国，最典型的影响人民币汇率的政治因素来自我国产业利益集团对汇率的偏好。例如，我国沿海制造业出口企业往往不希望人民币升值，每当人民币面临较高的国际升值压力之时，国内这类产业利益集团便会通过各种途径发出声音，表达人民币升值对企业倒闭风险或增加失业的影响。由于我国是出口导向型经济，因此，汇率政策的制定也不得不考虑此类关键产业的汇率偏好。

此外，政治稳定性、国内经济金融等政策改革都有可能通过多种途径对人民币汇率施加直接或间接的影响。具体内容将在本章第二节进行展开。

三、人民币汇率变动的国外政治压力概述

我国对人民币汇率的调控始终坚持"以我为主"的基本原则，伴随1994 年、2005 年和 2010 年我国渐进推行的有管理的浮动汇率制度改革，人民币汇率的弹性区间逐步放宽，人民币汇率的影响因素也越加复杂，因此，在逐渐放开的情况下，人民币汇率在短期内也不可避免地受到国际政治关系的影响，其中尤以美国、日本等国要求人民币升值、要求人民币汇

---

① 2015 年 8 月 11 日，中国央行进行人民币兑美元汇率中间价改革，中间价报价机制更加市场化，但当市场的波动幅度超出管理区间的时候，仍坚持有管理的汇率制度。

率"更具弹性"的呼声最引人注目。例如，2003年日本政府在七国峰会上指责人民币币值严重低估，中国向国际市场倾销廉价产品；美国财政部长斯诺和美联储主席格林斯潘也在同年先后表示"希望人民币汇率更具弹性"。

面临巨大的升值压力，我国于2005年进行了人民币汇率形成机制改革，人民币对美元汇率一天之内上调2.1%，并在此后逐渐形成更富弹性的汇率机制，然而，以美国为首的主要发达国家对于人民币汇率的指责非但没有停止，反而有愈演愈烈之势。特别值得注意的是，由于人民币汇率问题在国际上尤其是在美国得到了广泛的关注，因此，人民币汇率问题成为近年来几乎每届美国大选和中期选举必然涉及的话题。金融危机之后，伴随着全球性的需求疲软和国家间经济实力的重新洗牌，不少西方国家都试图通过贸易保护来刺激国内制造业的复苏，同时遏止新兴市场国家的快速崛起，这更进一步地让人民币汇率问题成为敏感话题。2012年美国总统大选中，最终候选人罗姆尼和奥巴马均指责对手的对华策略过于软弱，相继大打"中国牌"的现象正是这一局面的写照，而人民币兑美元的汇率也在这期间连续出现八个涨停，承受了巨大的升值压力。

然而，一个有趣的现象是，在奥巴马胜出上台后，美国的对华政策却远没有其竞选宣传时强硬，反而呈现出非常温和的迹象。回顾美国近20年来总统大选的情况，不难发现，虽然人民币汇率低估问题一直是选举中"经久不衰"的热点问题，但历届美国总统上任之后，却基本上都会采取"实用主义"的原则，与中国保持相对正常的关系。从这个角度上看，人民币汇率面临的国际政治压力在不同时期呈现出了不同的强度和变化特点。关于这一现象的研究，本书将在第三节详细展开论述。

第二节　国内政治因素对外汇市场压力的传导渠道及传导效果

一、中国特色的产业利益集团与外汇市场压力

（一）中国产业利益集团对外汇市场压力的传导渠道分析

1. 中国产业利益集团的特点

"利益集团"的概念起源于西方国家，关于利益集团的研究已有百余

年的历史。利益集团通常是指为了某种共同的利益或目标而联合起来的人。根据李欣（2012）[78]对西方国家利益集团的分析，利益集团的形成和行为具有三个特点：首先是"利益或观念的分化"，其次是"分化利益（或观念）的组织化"，最后是"为维护共同利益（或观念）所采取的政治性行动"。

与西方国家的利益集团不同，我国长期以来利益集团的概念并不十分明晰，这主要源于我国特殊的政治体制、政治架构和社会文化。第一，我国过去很长时间内强调国家、集体以及个人的利益高度统一，因此"利益或观念的分化"这一要素被极大弱化，直到我国改革开放、逐步深入地参与到经济全球化发展中之后，个人利益和观念的差异才被逐渐地释放出来。第二，我国利益集团，特别是产业利益集团，往往表现为行业协会或自律组织的形式，而这些协会或组织与政府的关系十分密切，甚至出现"一套人马、两套班子"的情况，因此，与西方国家相比，我国利益集团的独立行动能力相对受限。第三，我国与西方国家在影响政府决策、维护自身权益的形式上有明显的不同。具体来说，西方发达国家的利益集团通常通过游说、献金、承诺投票等手段影响政府官员和政策的制定，从而获得最大化利益，而我国不允许利益集团对政府或其他机关进行公开的游说（王孝松、谢申祥，2010）[79]，他们对公共政策决策的影响更为间接和隐蔽。

2. 中国产业利益集团对外汇市场压力的传导渠道

人民币汇率的变动对不同行业的企业有着不同甚至相反的影响，例如，人民币升值将导致沿海劳动密集型制造业企业的出口价格在国际市场上丧失优势，却有利于主要从事国际原材料进口的企业，因此，不同的产业利益集团对汇率有不同的偏好。

虽然我国汇率政策的制定更多地表现为"自上而下"的过程，但我国产业利益集团仍可以通过直接和间接的渠道"自下而上"地影响汇率政策的制定以及汇率的走向。具体渠道有以下三点。

第一，凭借本产业的经济属性和经济实力，让政府自觉重视本产业的重要性，从而使汇率政策更符合本产业利益集团的利益。通常来说，关乎国家经济命脉的核心产业，或能够吸收大量就业（如劳动密集型产业）、贡献较多税收的产业，更加容易得到政府的重视。例如，我国长期以来是出口导向型国家，在内需不振的时期，主要依靠出口拉动经济增长，促进就业。此时，即便不考虑出口企业对政府的游说能力，政府也会出于发展经济、促进就业的考虑，谨慎地制定汇率政策，顾及出口企业的态度。这是因为，与西方国家政府官员更加重视政治献金或选票不同，中国政府更加看重各行业部门对经济增长、税收、社会就业等方面的贡献。政府会意识到，作为制造业出口大国，出口额对于稳定外需和经济增长起到了关键作用，一旦贸易条件恶化，很可能迅速波及整体经济形势，带来大量失业，从而危及社会稳定。而且，只有出口企业才真正清楚自身真实的健康发展状况，它们拥有政府所不了解的信息优势，因此，当出口企业要求人民币贬值时，政府不得不慎重地予以考虑。

实际上，这一渠道是我国产业利益集团游说政府最主要、最有效的手段。例如，2015 年前 7 个月，我国进出口总值同比下降 7.3%，其中，7 月出口下降 8.9%，在外贸旺季出现如此严重的贸易疲软现象给人民币带来了巨大的贬值压力，我国商务部公开表示要求人民币贬值以刺激出口。在要求人民币贬值的国内政治压力之下，2015 年 8 月 11 日到 13 日，人民币兑美元中间价下调幅度超过 4.66%，下调幅度创历史最大，这一贬值行为既是在我国有管理的浮动汇率制度下，央行顺应刺激出口、发展经济的诉求所做出的政策选择，也反映了前期市场积累的人民币贬值压力得以通过汇率中间价的调整而释放，顺应了汇率市场化的目标。

第二，通过多种渠道表达对汇率的诉求。主要包括：一是社会舆论，产业利益集团可以通过新闻、报刊、网络等媒体表达对汇率变化对本产业相关企业的影响，引起政策制定者的关注。例如，行业协会在网络上开辟专门网站分析人民币升值对本行业的影响，引发舆论关注。二是直接向政策制定者陈情。这一途径虽不普及，但仍存在。例如，2008 年夏季，温家宝、习近平等中央领导在东部地区调研期间，在山东、上海、江苏、浙江、广东等地的出口厂商纷纷反映人民币汇率上升等因素给企业带来了沉重的负担。三是凭借政治关联，通过地方政府、人大代表等代为传达汇率诉求，如国有企业高管通常兼任政府官员，因而可以直接表达对汇率的诉求。目前来看，这一途径的作用非常有限。

第三，通过改变投资者预期，间接作用于外汇市场。如果说前两个途径主要通过影响中央决策而直接作用于汇率中间价或汇率政策改革，那么这一途径则是通过使投资者形成汇率变化的特定预期，进而影响其交易行为而间接地给人民币汇率带来压力。例如，在经济低迷时期，投资者预期制造业出口企业会要求人民币贬值、汇率政策会偏向刺激出口和经济增长，那么他们便会形成人民币贬值预期，从而提前在外汇市场上进行买入外汇操作，给人民币带来贬值压力。

以上分析了产业利益集团这一政治因素对外汇市场压力的影响渠道，产业利益集团对外汇市场压力的影响方向和大小主要取决于不同利益集团的汇率偏好，以及他们影响政策制定的能力大小。为分析产业利益集团这一政治因素对外汇市场的影响效果，下面将首先分析我国不同产业利益集团的汇率偏好，进而分析哪些产业利益集团的影响力更为显著，从而对我国产业利益集团整体对外汇市场压力的影响效果做出评价。

（二）中国产业利益集团的汇率偏好分析

1. 汇率偏好矩阵

弗里登（Frieden，1991）构建了一个开放条件下微观主体的汇率偏好组合，试图概括不同部门的微观主体对于汇率水平和汇率波动的偏好程度，此后不少研究以此为基础进行的拓展（见表4-1）。

表4-1　　　　　　　　　　弗里登的汇率偏好矩阵

汇率水平偏好 ＼ 汇率弹性偏好	低	高
低	出口导向型贸易品生产者	国内进口替代品生产者
高	对外投资者	非贸易品和服务提供者

根据该矩阵，贸易品出口商偏好更低的汇率以及稳定的汇率，这是因为较低的汇率使得出口产品的国际售价相对较低，从而有利于扩大出口，而稳定的汇率有利于企业规避汇率风险；而对于国内进口替代品的生产者而言，较低的本币汇率不利于进口品在国内的销售，从而有利于国内进口替代品市场份额的扩大；对外投资者更加偏好高水平的本币汇率，这是因为本币升值将使得投资者以更少的本币获得海外资产；而非贸易品和服务的提供者更加偏好本币升值，这是因为本币升值不利于贸易部门的出口活动，从而改变了贸易部门和非贸易部门的资源分配。弗里登的汇率偏好矩阵是依据其个人的经验和理论基础作出的，对我国虽不完全适用，但为我们提供了一种分析产业利益集团汇率偏好的方法。

2. 中国产业利益集团的汇率偏好分析

本部分将按照我国三大产业进行划分，逐一分析利益集团的汇率偏好。

第一产业以农业为主，目前我国是农产品净进口国。根据商务部数据，2014 年全年农产品出口额为 713.4 亿美元，进口额为 1214.8 亿美元，净进口额达 501.4 亿美元。因此，人民币升值从整体上有利于农产品的进口，从而对国内农业生产带来较大冲击。魏巍贤（2006）[80]的模型推算得出，人民币升值将使我国农业总产出下降。因此，可以认为我国农业并不偏好汇率升值。

第二产业以制造业为主，李永宁和任强（2010）[81]指出，制造业发达国家大都是出口导向型国家，从而更加偏好较低的本币汇率，我国制造业也不例外。冯晓华和张玉英（2009）[82]则使用不同的人民币汇率数据考察了人民币汇率对制造业工人福利的影响，研究发现，人民币升值对制造业工人的福利水平产生了显著了不利影响。刘沁清和邵挺（2011）[83]使用投入产出表估算了人民币汇率变化对我国 80 个制造行业利润率的影响，结果表明，轻工业和机电类产品制造业的利润率会因人民币升值而下降，而依赖进口工业原料或国外技术装备的制造业的利润率反而会因人民币升值而上升，但总体上看，人民币升值会导致我国制造业的利润率下降。戴觅等（2013）[84]使用基于企业层面的风险暴露指标研究了汇率变动对制造业企业就业人数的影响，研究得出，人民币升值对劳动密集型企业的就业产生了更为明显的负向影响。刘涛（2013）[85]使用行业净外部导向法对我国制造业的整体汇率偏好进行了评估，也得到类似的结论，即我国制造业整体上偏好本币贬值。

若将制造业企业进行类别细分，又可分为标准化产品制造商和差异化产品制造商。其中，标准化产品制造商对汇率的变化更为敏感，因为其出口量主要依赖于产品的价格优势，一旦本币升值提高了产品的国际售价，那么便会对这类企业产生较为严重的影响。而差异化产品制造商对汇率的敏感性相对较弱，即便本币小幅升值，其也可以凭借产品的独特性维持市场份额。由于我国尚处于产业结构转型期，沿海地区出口制造业多为劳动密集型的标准化产品制造，因此通常更加偏好人民币贬值。

第三产业以服务业为主。长期以来服务都被认为是"非贸易品"，根据弗里登的汇率偏好矩阵，应当更加偏好本币升值。徐建国（2011）[86]也指出，人民币的大幅贬值在历史上带来了服务业的发展停滞。但随着经济金融全球化的发展，服务业也有相当一部分逐渐成为可贸易品，特别是以银行业为代表的金融业，其跨国资金分配与汇率存在着密不可分的联系，因此，服务业中不同部门的汇率偏好十分复杂，并没有得出像制造业那样较为一致的结论。

以银行业为例，银行业对汇率的偏好通常取决于其是否持有了大量的国际债权或债务。如果持有大量国际债务，那么其往往偏好本币贬值，从而减少未来还款数额；而如果其持有较多外币资产，则偏好本币升值。对于中国来说，我国银行业资金主要来源于国内，并持有较多的海外资产（刘涛，2013），但随着人民币国际化的推行，不少银行开始在国际上发行人民币债券，因此，汇率变化对银行业的利弊并不确定，加之银行从事国际业务通常会进行汇率风险控制，因此其对汇率变化的敏感性并不如制造业那样强烈。

（三）中国产业利益集团政治影响力的评估

如前面所述，产业利益集团的经济属性和经济实力是决定其政治影响力的关键因素，若某一产业为关乎国家经济命脉的核心产业，能够吸纳大量就业、贡献较多税收收入，那么便更加容易获得政府的更多关注，他们对汇率政策的偏好也更容易影响政府决策。沃雷尔等（Worrell et al.，2000）[87]、布隆贝格等（Blomberg et al.，2005）[88]均使用了部门对GDP的贡献率作为衡量汇率政策影响力的代理变量；弗里登等（2010）在衡量汇率政策影响力时不仅考虑了GDP占比，而且加入了部门对就业的贡献率，因为他们认为，吸纳更多就业能够提高其在政策制定者心中的地位；考虑到税收在经济发展中的作用日益增强，本书对上述指标进行了进一步扩展，增加了税收收入贡献率，以更加全面地构建汇率政策影响力指标。

本部分将使用熵权法（Entropy Weight Approach）对2013年农林牧渔业、工业、金融业、房地产业的政治影响力进行综合评估，通过综合、客观评价各行业GDP占比、就业人数占比以及税收贡献占比，最终得到各行业政治影响力评价指标。之所以选取这四个行业，是因为他们不仅横跨了我国第一、第二、第三产业，而且这些行业与汇率的关系更为密切，在前面汇率偏好分析的基础上，只要计算出其政治影响力，便可推断出我国主要产业利益集团对汇率政策所带来的政治压力。在进行数据分析前，有必要对熵权法进行简单的介绍。

香农（C. E. Shannon）最早提出了"信息熵"的概念，其中"信息"代表系统的有序程度，而"熵"则代表系统的无序程度，熵权法便是根据信息熵对指标客观赋权、加权计算的一种方法。在加权的过程中，如果一个指标的信息熵很小，则说明该指标提供了更多有效信息，从而在综合评价中应当得到的权重也更高。反之，若信息熵很大则权重更低。

熵权法的计算过程如下：

设有 m 个待评价的项目、n 个评价指标，首先将各项目对应的指标数据予以标准化，计算公式为：

$$r_{ij} = \frac{X_{ij} - \min(X_i)}{\max(X_i) - \min(X_i)}, \ i = 1, \ 2, \ \cdots, \ m; \ j = 1, \ 2, \ \cdots, \ n$$

则指标 j 的信息熵定义为：$E_j = -(1/\ln m) \cdot \sum\limits_{i=1}^{m} p_{ij} \cdot \ln p_{ij}$，其中：$p_{ij} = r_{ij} / \sum\limits_{i=1}^{m} r_{ij}$。

在得到信息熵之后，根据信息熵即可计算各指标的修正权重 W，计算公式为：

$$W_i = \frac{1 - E_i}{k - \sum E_i}(i = 1, \ 2, \ \cdots, \ n)$$

熵权法的关键是计算各个指标的修正权重，根据熵权法的思路，产业政治影响力的相关计算如下所述。

1. 数据标准化

表 4 – 2 列示了 2013 年我国与汇率相关的主要产业的 GDP、就业人数、税收贡献等主要经济指标。为使结果具有可比性，首先将 GDP 占比、就业占比、税收占比三大指标数据予以标准化，标准化后的结果见表 4 – 3。

表 4 – 2　　　　　　　　2013 年各产业主要经济指标一览表

项目	GDP（亿元）	GDP占比	就业（万人）	就业占比	税收（万元）	税收占比
总数	588018.8	—	18108.4	—	1199599118	—
农林牧渔业	56966	0.096878	294.8	0.016279738	1606252	0.001339
工业	217263.9	0.369485	6298.9	0.347844094	497598519	0.414804
金融业	41190.5	0.07005	537.9	0.029704447	118374788	0.098679
房地产业	35987.6	0.061201	373.7	0.020636832	155595998	0.129707

资料来源：根据国家统计局网站、《中国劳动统计年鉴》《2014 年中国税务年鉴》数据整理、计算。

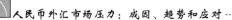

表4-3   2013年各产业经济占比标准化表

项目	GDP占比	就业占比	税收占比
农林牧渔业	0.115726	0	0
工业	1	1	1
金融业	0.028701	0.040489	0.235424
房地产业	0	0.013141	0.310468

2. 信息熵的计算

首先计算第 j 个指标下第 i 个产业的指标值的比重 p_{ij}，$p_{ij} = r_{ij} / \sum_{i=1}^{m} r_{ij}$，其中，$r_{ij}$ 为表4-3中各产业经济占比的标准值，进而根据公式 $E_j = - (1/\ln m) \times \sum_{i=1}^{m} p_{ij} \times \ln p_{ij}$ 计算第 j 个指标的信息熵，显然，$m = 4$，计算结果如表4-4所示。

表4-4   各经济指标的信息熵一览表

指标	GDP占比	就业占比	税收占比
信息熵	0.3189	0.1655	0.6426

3. 各指标的权重计算及结果分析

在已知信息熵的基础上，可计算出三大经济指标的权重分别为0.3637、0.4455、0.1908，从而可得各个产业的政治影响力，如表4-5所示。

表4-5   各产业政治影响力评估表

项目	GDP占比	就业占比	税收占比	政治影响力	排序
农林牧渔业	0.096878	0.016279738	0.001339	0.0427	4
工业	0.369485	0.347844094	0.414804	0.3685	1
金融业	0.07005	0.029704447	0.098679	0.0575	2
房地产业	0.061201	0.020636832	0.129707	0.0562	3
权重	0.3637	0.4455	0.1908	—	—

由表 4-5 可知，在农林牧渔业、工业、金融业、房地产业四个产业中，工业的政治影响力远远高于其他四个产业，金融业和房地产业的政治影响力相近，分别列第 2、第 3 位，而农林牧渔业的政治影响力相对最弱。由于以制造业为代表的工业产业往往更加偏好人民币贬值，因此我国的汇率政策通常会照顾到工业产业的汇率偏好，不会升值过快，在经济低迷期甚至会出现贬值。这也很好地解释了我国 2015 年 8 月人民币兑美元汇率中间价的大幅下调。

（四）中国产业利益集团对外汇市场压力传导效果的总体评价

作为重要的国内政治因素之一，中国产业利益集团通过自身的经济实力、经济属性，以及多种渠道对人民币汇率的政策制定以及汇率的变化产生着影响，其中，以制造业为代表的工业产业凭借其巨大的出口拉动经济的影响力，对外汇市场汇率走向发挥着相对重要的作用。

尽管从长期来看，人民币国际化战略可能要求人民币成为强势货币，但是由于工业产业多为出口导向型企业，其更加偏好人民币贬值，因此人民币在短期内（特别是经济增长率降低时期）往往面临贬值压力。

二、政治稳定性、国内政策改革等其他国内政治因素与外汇市场压力

（一）政治稳定性影响外汇市场压力的传导渠道及传导效果分析

1. 政治稳定性定义

美国著名政治学家塞缪尔·P·亨廷顿（Samuel Phillips Huntington）是政治稳定理论的代表人物，他在专著《变革社会中的政治秩序》中提出了政治稳定性的定义，他认为，政治稳定是指政治系统内部的主要成分，如基本政治价值、政治文化、基本政治制度或宪政结构比较持续或比较平缓的变化。

2. 政治稳定性影响外汇市场压力的传导渠道

一般来说，一国的政治稳定性与经济稳定性密切相关，政治稳定性差的国家经济状况也往往低迷，可能出现恶性通货膨胀。低迷的经济和一国货币的对内贬值往往会引起货币的对外贬值（朱孟楠、赵茜，2011），给本国货币带来贬值压力。此外，政治稳定性差的国家一般缺乏投资吸引力，投资者倾向于预期该国货币贬值，从而在外汇市场上卖出该国货币，

给该国货币带来贬值压力。

从汇率的稳定性上看，如果一国政治动荡，那么政府的公信力往往受到质疑，极易受到国际游资的攻击，从而增大汇率波动的压力。也正因为如此，政治不稳定的国家倾向于选择浮动汇率制度（Frieden et al.，2000[89]；Broz，2002[90]；Méon et al.，2002[91]），政府当局清楚，面对过大的汇率波动压力，捍卫固定汇率制度的成本过高。

3. 我国政治稳定性对人民币外汇市场压力的影响分析

根据政治稳定性的定义，可判断当前我国政治相对稳定。首先，中国的国家治理具有典型的权威主义特征，由执政党主导国家的治理活动（许开轶，2014)①，政府权威较高。其次，我国基本政治制度和宪政结构比较稳定。最后，我国政府行政效率正在不断提高和优化。因此，可以认为当前政治稳定性这方面的外汇市场压力非常微弱。

（二）国内政策改革影响外汇市场压力的传导渠道及传导效果分析

作为国内政治的又一重要因素，国内经济、金融等政策改革的推行和实施也可能通过影响投资者预期或通过经济渠道间接作用于外汇市场。例如，随着我国产业结构的转型升级的需要，国家开始重点发展新能源产业、生物产业、高端装备制造业等战略性新兴产业，国家经济发展战略的与时俱进会使某些产业变得更加重要，如果该类产业的发展受到汇率的影响，那么这类产业的汇率需求也会对汇率变化带来压力。再如，为实现大国崛起的目标，我国实行了人民币国际化等一系列经济、政治改革措施，国内的改革政策不仅会通过影响国内的经济变量间接作用于外汇市场，政策即将推出或实行的过程中，也可能影响投资者对汇率预期的动态调整，对汇率的走势带来压力。

总的来看，国内政策改革对外汇市场带来的压力有两个特征。第一，由于在不同阶段实行不同的改革政策，因此对外汇市场压力的传导也具有阶段性特点。国家提出发展战略性新兴产业的阶段，国家的各项政策可能会向战略性新兴产业倾斜，但是如果国家在经济转型期出现经济情况恶化，也会更多地照顾劳动密集型和出口密集型企业的生存，解决短期内的主要矛盾。第二，国内政策改革对外汇市场压力的影响是间接的，它往往通过影响其他因素，对外汇市场产生潜移默化的影响，或通过影响投资者

---

① 许开轶. 权威治理与转型时期中国的政治稳定 [J]. 当代世界与社会主义，2014（6）：14.

预期，通过投资者的外汇市场操作影响汇率。

第三节　国际政治冲击对人民币外汇市场压力的影响：以美国政治周期政策选择模型为例①

一、人民币汇率的国际政治压力概述

（一）人民币国际上面临的政治压力概述

汇率不仅是一国经济生活的重要内容，同时也是大国关系的一个重要议题。张宇燕和张静春（2005）就曾指出，汇率是大国实现或巩固有利于己的世界经济政治安排的一个重要工具。金融危机之后，伴随着全球性的需求疲软和国家间经济实力的重新洗牌，不少西方国家都试图通过贸易保护来刺激国内制造业的复苏，同时遏止新兴市场国家的快速崛起。对于我国来说，尽管伴随着1994年、2005年和2010年我国渐进推行的有管理的浮动汇率制度改革，人民币汇率弹性区间逐步扩大，但是人民币汇率时常受到西方国家尤其是美国的指责，面临巨大的升值压力。

（二）人民币国际政治压力的周期性特点

国际上要求人民币升值的声音更多的是由美国主导发出的，人民币汇率问题是美国政治选举期间经久不衰的话题，多年来引起了社会各界的广泛关注。2012年美国总统大选中，最终候选人罗姆尼和奥巴马均指责对手的对华策略过于软弱，相继大打"中国牌"，而人民币兑美元的汇率也在这期间连续出现八个涨停，承受了巨大的升值压力。

然而，一个有趣的现象是，在奥巴马胜出上台后，美国的对华政策却远没有其竞选宣传时强硬，反而呈现出非常温和的迹象。回顾美国近二十年来总统大选的情况（见表4-6），不难发现，虽然人民币汇率低估问题一直是选举中"经久不衰"的热点问题，但历届美国总统上任之后，却基本上都会采取"实用主义"的原则，与中国保持相对正常的关系。

---

①　该节部分内容发表于《管理世界》2015年第4期。

表4-6 历次美国大选前后对华态度措施表

年份	选举前		选举后
	民主党对华态度	共和党对华态度	
1992	*克林顿：批评老布什对中国的外交政策不够强硬	布什：比较友好	1994年前后，克林顿政府对中国的政策态度有所转变，在经济领域宣布将人权问题与最惠国待遇脱钩
1996	*克林顿：在中国问题上则基本保持沉默，希望同中国建立"战略伙伴"关系	道尔：在中国问题上则基本保持沉默	克林顿在连任后不久即在公开场合宣称，他的第二任期要与中国建立起重要的"合作伙伴关系"
2000	戈尔：中国是"合作伙伴"，美中关系恶化不仅不利于美国的安全利益，而且不利于推广美国的价值观念	*小布什：在竞选中称中国是"战略竞争者"而非克林顿政策所说的"战略伙伴"，并表示要对中国采取更加强硬的贸易政策。但在正式的总统电视辩论中，中国只是在涉及全球变暖的问题中出现	2001年6月，小布什在一封信中敦促国会给予中国正常贸易关系（NTR）待遇，此后支持中国最终加入世界贸易组织
2004	克里：反恐问题和伊拉克问题成了两位候选人辩论的焦点，中国问题很自然没有被他们当作一个炒作的问题	*小布什：称中国是"利益相关者"	2005年小布什访问中国，表示将促进中美两国经贸平衡发展
2008	*奥巴马：多次提及中国是美国的竞争者，中国崛起是美国面临的"最大挑战"	麦凯恩：将继续向中国施压要求其改善人权状况，同时力求发展两国关系	奥巴马上台后第一年与中国维持密切关系，2010年开始对华态度日渐冰冷，其态度被广泛评价为"一条高开低走的弧线"
2012	*奥巴马：一面强调深化合作，不会给中国帖上汇率操纵国的标签，一面在贸易上加大对中国施压，要求中国按贸易规则行事，并称"罗姆尼只有嘴上对中国强硬，多年来投资向中国外包工作的公司赚了不少"	罗姆尼：主张强硬遏制中国发展，宣称"上任第一天"就把中国定为"汇率操纵国"。指称"中国拥有高达1.15万亿美元的美国国债，奥巴马给中国操控汇率的许可证，导致美国流失大量的工作机会"	奥巴马表示，美中关系保持稳定，对两国和世界都很重要。美方希望美中关系得到强有力、可持续发展，赞赏两国在国际、地区问题上开展的合作

注：加*表示获胜方。
资料来源：作者根据百度新闻资料整理而成。

美国政府这种迥异的对华策略是否会对人民币外汇市场压力产生影响？如果存在影响，由选举期和非选举期交替而形成的这种政治周期又是否会导致人民币汇率相应地呈现周期性变化的特点呢？其传导机制又是怎样的呢？本节将以来自美国的国际政治压力为例，通过探讨美国政治周期对人民币汇率产生的压力，来对上述问题做出解答。在下面的分析中，将首先分析美国政治选举周期对人民币汇率产生压力的经济原理，进而通过对美国政治选举周期进行理论建模，分析人民币汇率面临的国际政治压力特点、规律，最后给出相应的对策与建议。

值得注意的是，关于上述问题，国内外尚没有系统的研究，更未见理论模型的创新，因此，本书的研究内容不仅开拓了国际政治因素对汇率影响研究的新视角，即从政治周期这一视角着手，研究美国大选和中期选举对人民币汇率造成的周期性压力影响，而且进行了理论梳理和理论模型的创新，拓展了政治因素影响经济问题的研究领域，这是先前文献中未曾出现过的思路。

二、美国政治周期影响人民币外汇市场压力的原理分析

美国政治周期是指美国四年一轮的政治选举带来的政策周期。由于每一届政府的决策过程都受到选举期的民意走向、在任时的中期考核、党派关系、利益集团等利益相关者的交错影响，因此，每届美国政府对人民币汇率的态度和相关政策的推行都是美国利益相关者各方在一段时期内博弈的结果，这种结果在政治周期的不同年份当中呈现出不同的特点。也即，政治周期的不同年份里，利益相关者的行为特点影响着美国对人民币汇率的态度和相关立法的制定，从而在国际上通过资本渠道、贸易渠道、政策调控等渠道对人民币汇率造成短期升值或贬值的压力。

（1）资本渠道，即短线资本的即时反应。资本渠道是美国政治因素影响人民币汇率的最直接渠道，影响着短期汇率的相对走势。首先，短线资本、国际游资时刻关注包括政治因素在内的各种信息，一旦出现新的信息，如总统选举开始造势、美国国会将要出台新的贸易法案，则投机者马上会通过中国香港、新加坡等市场进行外汇买卖操作，对人民币汇率波动带来压力。当然，由于目前以中国香港为代表的外汇市场是人民币汇率冲击的缓冲地带和天然屏障，因此，人民币汇率虽会受到影响，但波动不会过于剧烈。其次，美国庞大的投资基金和经验丰富的投机者甚至会通过影

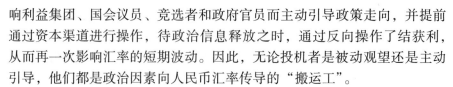

响利益集团、国会议员、竞选者和政府官员而主动引导政策走向，并提前通过资本渠道进行操作，待政治信息释放之时，通过反向操作了结获利，从而再一次影响汇率的短期波动。因此，无论投机者是被动观望还是主动引导，他们都是政治因素向人民币汇率传导的"搬运工"。

（2）贸易渠道。由于汇率是国际商品的相对价格，因此，美国国会的立法和政府政策也会通过影响中美进出口贸易而对人民币兑美元汇率带来变动压力。首先，美国立法机构立法，例如对某些商品采取惩罚性关税，将直接影响我国进出口贸易，进而对汇率产生压力；其次，利益集团可以通过制造舆论、游说官员等途径影响政府决策，进而影响进出口贸易和汇率；最后，当美国国内发生危机时，也往往倾向于通过贸易渠道转嫁危机，从而间接对人民币汇率产生压力。但是，贸易渠道对汇率的影响是缓慢的而微小的，通常存在较长的时滞，因此难以在短期内对人民币汇率产生明显的压力。

（3）中国政府的艺术性反应和调控也会改变人民币外汇市场压力。汇率是国际经济联系的价格纽带，只注重国内经济环境而触及他国利益必将不利于我国的经济改革与发展，因此，人民币汇率改革应当秉持"以我为主"的原则，同时适当地讲究调控的艺术。在官方层面，面临复杂多变的国际局势，中国政府艺术性的反应和主动调控会在短期内有效影响甚至扭转人民币面临的外汇市场压力走向。而在市场层面，面临中美两国的大国博弈和政策导向，投资者也会相应对人民币汇率的走势形成特定的心理预期，从而通过外汇市场操作影响人民币外汇市场压力。

下一部分将通过构建美国政治周期外溢效应模型，在分析利益相关者各方行为特点的基础上，推导并分析美国政治周期对人民币外汇市场压力的传导机制。

三、美国政治周期政策选择模型的构建

（一）模型设定

阿莱西那（Alesina，1987）[92]曾提出在重复博弈的条件下，两党轮替产生的政治周期会对本国经济产生影响，参考这一研究并通过借鉴弗登伯格和蒂罗尔（Fudenberg and Tirole，1991）[93]和海萨尼（Harsanyi，1967，1968）[94]关于不完全信息博弈的思想，作者构建了"政治周期外溢效应模

型"。通过分析利益集团、竞选人和执政者的行为，寻找总统、议员在竞选期和非竞选期的最优对华策略，从而将美国政治周期对经济的影响对外拓展，就其对人民币外汇市场压力的影响进行分析。由于这种政治压力往往会通过资本、贸易以及我国央行的艺术性干预调控传导至实际汇率，因此，本书在模型构建中直接研究美国政治周期对人民币汇率的影响。

模型以美国总统换届为标志将美国政治周期定为四年，同时对政治周期内的国会中期选举加以关注，具体划分如下：

D1：总统大选后第一年（总统执政年），如2008年11月至2009年10月；

D2：国会选举前一年（国会选举年），如2009年11月至2010年10月；

D3：国会选举后第一年（国会执政年），如2010年11月至2011年10月；

D4：总统大选前一年（总统选举年），如2011年11月至2012年10月。

在以上四年一次的循环中，最可能影响到"执政年"人民币汇率的主要因素是在位者的执政纲领，而最可能影响到"选举年"人民币汇率的主要因素则为竞选人的态度。

根据政治周期对人民币汇率的传导原理，短期内人民币汇率主要受到资本途径和政府政策的直接影响。从资本途径来看，美国政府对华的态度将显著影响市场对于人民币汇率的预期，导致投机资本的投机行为出现，从而使得人民币汇率面临短期波动压力；而从我国政府的调控政策来看，我国政府会进行艺术性的调控以降低汇率问题对中美关系的负面影响。具体而言，在总统竞选时期，中国政府会倾向于配合候选人以建立同未来新政府的良好关系，而在其上台后则更多地体现"以我为主"的思路，配合的成分减弱；而在议员竞选时期，考虑到单个议员的影响力有限，中国政府则没有这种顾虑，但在议员执政时期，中国政府会倾向于有限度地配合国会的执政要求，以维持中美关系的稳定。记美国政府的对华态度为 $t(t \geq 0)$，则 t 的值越高，美国政府对华就越强硬；记中国政府的调控意愿为二值函数 $k \in \{k_0, k_1\}$，当 $k = k_0$ 时，中国政府进行升值调控，人民币升值；而 $k = k_1$ 时，则不会进行调控或进行贬值调控。因此，可以得到短期的汇率变化 $\Delta e = e(t, k)$，满足：

①$\forall k$，$e_t(t, k) \geq 0$，即美国政府对华强硬度的增加不会导致汇率的下跌；

②$\forall k$，$e_t(0, k) = 0$，即如果美国政府对华完全不强硬，则其对华态度的微小改变不对人民币汇率造成影响；

③$\forall k$，$e_{tt}(t, k) > 0$，即美国政府对华态度越强硬，美国政府对华态

度的改变对人民币汇率的影响越大；

④ $\forall t$，$e(t, k_0) > e(t, k_1)$，即给定美国政府的态度，中国政府的升值调控使汇率上升。

而人民币升值会对中美贸易产生直接影响，进而使得美国的主要利益集团获得收益。记利益集团的收益为 $pe(t, k)$，满足 $p'[e] > 0$，即人民币升值越多，利益集团获益越大。由于 $pe(t, k)$ 关于 $e(t, k)$ 单调递增，因而定义函数 $f(t, k) = p[e(t, k)]$，则 $f(t, k)$ 满足 $e(t, k)$ 的性质①～④。

（二）利益相关者行为特点及模型基本假设

在美国政府决策过程中，利益集团的作用不可小觑，美国的利益集团高度发达并参与国事（李寿祺，1989）[95]。寻租理论认为，政府运用特权对经济进行干预是寻租产生的重要条件。因此，美国国内的利益集团往往通过各种途径来影响政府，以获取租金收益。何兴强（2006）指出，组织的积极性和影响政府部门的渠道是决定利益集团影响力的两个主要因素。梁军等（2012）进一步指出，美国虽有众多贸易受益者，但不可避免地存在集体行动难题，而贸易受损者则常常是一个更知情、更积极、更团结也更有组织的集团，从而有更加强大的力量影响政府决策。事实上，美国势力强大的利益集团往往是贸易保护的捍卫者，主张人民币升值。并且，伴随着竞选期和非竞选期的交替，这些强大的利益集团会通过不同的策略和渠道对政府施加影响，从而使人民币汇率面临的外在压力呈现周期性的变化——在竞选期，利益集团会通过针对媒体、社团、民众等的游说来引领民意，迫使总统竞选人对其寻租诉求进行妥协，而在执政期则直接通过其控制的议员进行寻租。

在明确了利益集团周期性地通过不同途径对政府施加影响后，考察不同途径下政府受到压力时的回应就变得十分重要。根据丹尼·罗德里克的"政治不可能三角"理论（the Political Trilemma of the World Economy）[96]，竞选者在竞选期和当选后对利益集团的回应并不相同，从而导致其对人民币施压的态度呈现周期性变化。"政治不可能三角"理论认为，经济全球化、政治民主化和主权国家三者不可兼得，即一国如果要强调民主政治和国家主权，那么就不得不限制全球化；如果选择进一步全球化并强调国家主权，那就不得不牺牲民主政治；如果要强调民主政治并且深化全球化，那就必须削弱国家主权，寻求更大范围的超国家主权国际治理。因此，在竞选期，总统候选人通常迫于利益集团对民意的舆论引导而满足其需求，对其他国家表现出强硬态度以赢得选票，从而使得自由贸易因国家主权和民主政治的强化而遭到严重的限制，给人民币造成升值压力。而在执政期，由于利益集团的寻租途径改变，民众较少地受到舆论的影响，因而其对政府的支持程度主要集中在经济的发展水平上，这就使得政府必须攫取经济全球化给美国带来的收益以获取民众支持。因此，总统会选择较为温和的对华态度，弱化国家主权，以实现民主政治和自由贸易的强化。综观1992年至今的历届美国总统在大选前的对华态度以及大选后的对华政策，诸如克林顿政府、布什政府、奥巴马政府都一度对包括人民币汇率在内的在对华问题上采取了相对温和的态度，这与其竞选时的强硬形成了鲜明对比。由此可见，美国高层的对华态度伴随着选举的开始与结束呈现出周期性变化的特点，具体详见表4–6。

根据上述分析，本书设定竞选者和执政者在政治周期的不同时期有不同的对华态度：

第一，选举期：出于竞选需要，总统候选人必须强调国家主权以获取选票，因此竞选者会选择对华强硬；

第二，执政期：执政者为获取民众的持续支持必须发展经济，这使得执政者选择弱化国家主权，采取温和的对华态度以发展对华贸易，促进本国发展；

第三，议员受利益集团控制，满足利益集团的需求。

四、美国政府的对华态度变化分析：来自美国的政治压力

在建立该模型后，可以将其用于分析政治因素对汇率的影响。这一分析应分成下述两个步骤：首先确定美国政府在不同时期的对华态度，假定此时中国政府的调控意愿 $k = k^*$；其次在给定美国政府态度的情况下，结合资本途径的影响和我国政府的决策，分析汇率的变化情况。本部分将针对美国政府在不同时期的对华态度进行分析。

本部分的分析思路为：由于在政治周期的不同阶段，竞选者和执政者的对华态度受到利益集团的深刻影响，因此，首先分析利益集团的行为，其次分析竞选者与执政者的行为，最后得出美国政治周期的对华态度选择。

（一）利益集团行为分析

1. 利益集团在总统竞选时的行为分析

虽然人民币升值有利于势力强大的主要利益集团获利，但为达到目的其游说成本也会相应提高，加之美国国内也存在着部分对华友好的利益集团，因此总体上看，美国利益集团并不会一味要求政府对华强硬，记 t 为政府当前的态度，R 为利益集团愿意动用的全部资源，则存在最优的对华态度：$\bar{t} > 1$，满足 $R = f(\bar{t}, k^*) - f(t, k^*)$。

但由于竞选者当选总统后存在调整并改变自己竞选承诺的可能，因而利益集团对于宣称态度为 $\bar{t}$ 的竞选者并不会报以全部的信任。由于美国是两党政治，因此，当利益集团对其中一党的支持度为 α，即给予其 αR 的支持时，对另一党的支持必为 $(1-\alpha)R$。值得注意的是，利益集团对竞选者的信任度 α 并不为竞选者所确切了解；但是当总统竞选人对外宣称的态度为 $t^* < \bar{t}$ 时，利益集团可以确定竞选人并没有为获取利益集团的支持资源而过度表态，因而此时利益集团支持哪一方取决于两党竞选人的相对态度。当某一政党的态度更接近 $\bar{t}$ 时，该政党获得全部支持 R，而当两党的态度相同时，将各获得一半的支持。

总结以上两点，令 t_a、t_b 分别表示竞选人 a、b 的态度，利益集团对其宣称 $\bar{t}$ 时的支持度分别为 α 和 $1-\alpha$，以竞选人 a 为例，记 $M(t_a)$ 为竞选人 a 获得的利益集团的支持资源，则：

$$M(t_a) = \begin{cases} \alpha R & t_a = \bar{t} \\ R & t_b < t_a < \bar{t} \\ \dfrac{1}{2}R & t_a = t_b < \bar{t} \\ 0 & t_a < t_b \le \bar{t} \end{cases} \qquad (\text{a})$$

2. 利益集团在议员竞选时的行为分析

由于单个议员对国家政策的决定能力较弱，其个人的表态的影响远弱于总统，因此其缺乏胜选后改变自己态度的充足动力，违约概率极低。因此，利益集团对其可以报以全部的信任。

（二）执政者与竞选者的行为分析

根据本书假设，可以得到执政者的主要行为特点如下：

第一，总统在执政时的对华态度不如竞选时强硬；

第二，由于议员受到利益集团支持，因此其在执政时仍然倾向于通过对华强硬来满足主要利益集团。

不同于执政者的分析，竞选者行为较为复杂，具体如下：

第一，根据罗伯特·普特南（Robert D. Putnam，1988）的"两个层次博弈"理论，任何政策的出台都需要兼顾国际和国内两个层次。因此，总统竞选者实际是考虑在对华强硬获取选票的同时，如何将对这一表态的负面影响降到最低。由于利益集团的获利可以反映自由贸易的损失，因而可以用来作为政治表态的负面影响。因此，总统竞选者的问题可表述为：

$$\max N(t) - f(t, k^*), \ t \in [0, \bar{t}]$$

其中，$N(t)$ 表示参选人预计自己能够得到的支持，与其实际获得的支持 $M(t)$ 并不必然相同。与前面相同，我们在此只考虑竞选者 a 的最优策略。由前述分析可知，当 $t > \bar{t}$ 时，竞选者获得的支持并不增加，但此时却要承受自由贸易损害增加的不利影响，因此必有 $t \in [0, \bar{t}]$；同时，由于支持度 α 及对手的策略均未知，因而竞选者的最优策略是以均匀的概率在区间 $[0, \bar{t}]$ 上取值。事实上，这同样是竞选人 b 的最优策略。因此，当竞选人 a 态度为 t 时，高于对手的概率为 $\frac{t}{\bar{t}}$，低于对手的概率为 $1 - \frac{t}{\bar{t}}$，由于仅有 t 这一点竞选人 a 与对手获得相同支持，因而概率为 0。由此可知：

当 $t = \bar{t}$ 时，根据函数（a），有 $N(t) = M(\bar{t}) = \alpha R$；

当 $t < \bar{t}$ 时，根据函数（a），有 $N(t) = \frac{t}{\bar{t}} \times R + \left(1 - \frac{t}{\bar{t}}\right) \times 0 = \frac{t}{\bar{t}} R$。

由上我们得到：

$$N(t) - f(t, k^*) = \begin{cases} \dfrac{t}{\bar{t}} R - f(t, k^*), & t \in [0, \bar{t}) \\ \alpha R - f(\bar{t}, k^*), & t = \bar{t} \end{cases} \quad (b)$$

竞选人 a 的策略即转化为求式（b）最大值的问题。

第二，不同于总统竞选，支持不同的议员竞选者的利益集团并不相同，因此议员竞选者会为支持他的利益集团服务。由于不同利益集团的诉求并不必然等于利益集团整体的最优诉求 $\bar{t}$，因此设议员的对华态度为 t^0，t^0 因议员的不同而不同。

（三）美国政治周期的对华态度选择

在周期 D1—D2—D3—D4—D1…的循环中，在 D4 和 D1 年，应重点分析总统的对华态度，而在 D2 和 D3 年，应重点分析国会的对华态度。

将起点定为国会选举后第一年（D3）进行分析，则有：

D3：由于国会议员为支持其的利益集团服务，因而国会的协调实际上就是各个利益集团的协调，所以其最终结果必为 $\bar{t}$。

D4：考虑竞选者 a 的最优化问题。首先，根据式（b），可知存在 $t = \alpha\bar{t} \in [0, \bar{t})$，使得 $N(t) - f(t, k^*) = \alpha R - f(\alpha\bar{t}, k^*) > N(\bar{t}) - f(\bar{t}, k^*)$，因此 $\bar{t}$ 必定不为总统竞选者的最优选择。

下面证明在区间 $[0, \bar{t})$ 上存在竞选人的最优选择。

总统改变表态获得的边际效用为：$\dfrac{\partial[N(t) - f(t, k^*)]}{\partial t} = \dfrac{1}{\bar{t}}R - f_t(t, k^*)$，注意到 D3 时国会的态度为 $\bar{t}$，因而资源 R 实际上为不使竞选人态度发生改变而付出的代价，因此有 $0 < R \leqslant f_t(\bar{t}, k^*)$，即利益集团为维持决策者态度不变所付出的资源成本 R 不会超过决策者态度发生改变给其带来的损失。

由此可知：$\dfrac{\partial[N(t) - f(t, k^*)]}{\partial t}\Big|_{t=0} = \dfrac{1}{\bar{t}}R > 0$，$\dfrac{\partial[N(t) - f(t, k^*)]}{\partial t}\Big|_{t=\bar{t}} = \dfrac{1}{\bar{t}}R - f_t(\bar{t}, k^*) \leqslant \dfrac{1-\bar{t}}{\bar{t}}R < 0$。

又由于：$\dfrac{\partial^2[N(t) - f(t, k^*)]}{\partial t^2} = -f_{tt}(t, k^*) < 0$，因此存在竞选者的最优表态 t^* 满足：$0 < t^* < \bar{t}$。

D1：记此时总统执政时的对华态度为 t_1，则必有 $t_1 < t^*$。

D2：议员竞选时会选择态度 t^0，不能确保政府实现最优表态 $\bar{t}$。实际上，议员竞选时的表态 $t^0 \leqslant \bar{t}$ 总是成立，从而导致议员的平均表态水平，即政府的对华态度 $t^{ave} < \bar{t}$ 总是成立。这是因为，一方面，当利益集团的实际要求不大于 $\bar{t}$ 时，其会要求议员进行真实表态，以表达自身的诉求，防止自己在未来的国会博弈中受损；另一方面，当利益集团的实际要求大于 $\bar{t}$ 时，由于该值无法在政府的实际表态中出现，因而其为使议员表态高于 $\bar{t}$ 所付出的成本必然无法得到补偿，所以此时利益集团的最优选择是要求议员表态 $\bar{t}$ 并在执政中选择 $\bar{t}$。综上所述，议员的表态 $t^0 \leqslant \bar{t}$ 总是成立。由于要求议员表态 $t^0 < \bar{t}$ 的利益集团必然存在，因此 $t^{ave} < \bar{t}$。同时，由于该年为竞选年，因此美国对华态度必定较非竞选年更为强硬，因此有 $t^{ave} > t_1$ 同时成立。

由此，本书得到不同年份美国政府对华的态度为：D3 时，$t = \bar{t}$；D4 时，$t = t^*$；D1 时，$t = t_1 < t^*$；D2 时，$t = t^{ave} \in (t_1, \bar{t})$。

美国政府的对华态度构成了人民币汇率面临的来自美国方面的外汇市

场压力。但是，由于中国政府会针对外汇市场情况进行艺术性调控，因此，人民币汇率最终面临的压力以及汇率走向还取决于中国政府与美国共同博弈后的结果。

五、中美博弈：人民币外汇市场压力综合分析

（一）中国政府调控政策的选择及其影响

中国政府出于稳定中美关系大局，促进经贸往来的需要，通常会选择最恰当的时机进行艺术性调控，以降低汇率问题对中美关系的负面影响。因此，在总统竞选时期（D4），中国政府倾向于配合竞选人的表态进行有限调控，以建立同未来新政府的良好关系，而在总统执政时（D1）则倾向于不配合其表态；在议员竞选时期（D2），由于参选人众多且议员的影响能力较弱，因而中国政府倾向于"以我为主"，不会进行艺术性调控，但在议员胜选新国会组建之后（D3），中国政府会倾向于有限地进行调控，以缓解美国国会执政时受到的外部压力，与其建立良好的合作关系。由此我们得到：D3、D4 时，有 $k = k_0$；D1、D2 时，有 $k = k_1$。

（二）人民币汇率变动的机制分析与比较

根据 $\Delta e = e(t, k)$，可知政治周期主要通过短期资本流动和中国政府调控来影响汇率的短期波动，将各年的美国政府对华态度和中国政府的政策选择代入其中，可得：D3 时，$\Delta e_3 = e(\bar{t}, k_0)$；D4 时，$\Delta e_4 = e(t^*, k_0)$；D1 时，$\Delta e_1 = e(t_1, k_1)$；D2 时，$\Delta e_2 = e(t^{ave}, k_1)$。

由 $e(t, k)$ 的性质可知，$e(\bar{t}, k_0) > e(t^*, k_0)$ 且 $e(\bar{t}, k_0) > e(\bar{t}, k_1) > e(t^{ave}, k_1) > e(t_1, k_1)$，即 $\Delta e_3 > \Delta e_4$ 且 $\Delta e_3 > \Delta e_2 > \Delta e_1$，因此有 $\Delta e_3 = \max \{\Delta e_1, \Delta e_2, \Delta e_3, \Delta e_4\}$。

同时，由于 $e(t_1, k_1) < e(t_1, k_0) < e(t^*, k_0)$，因此有 $\Delta e_3 > \Delta e_2 > \Delta e_1$ 且 $\Delta e_4 > \Delta e_1$，即 $\Delta e_1 = \min \{\Delta e_1, \Delta e_2, \Delta e_3, \Delta e_4\}$。

由上述分析可以得到如下结论：

总统执政年（D1）人民币的升值最小，国会执政年（D3）人民币的

升值最大①。

本 章 小 结

　　本章对高水平开放进程中人民币政治压力进行了深入分析，从国内与国外两个角度分别展开分析。人民币外汇市场压力的国内因素主要包括产业利益集团的影响、政治稳定性、国内政策改革等。在产业利益集团的分析方面，本书首先分析了中国产业利益集团对外汇市场压力的基本传导渠道，进而通过分析中国产业利益集团的汇率偏好、定量评估中国产业利益集团的政治影响力，就产业利益集团对外汇市场压力的传导效果进行了综合评价。在政治稳定性的分析方面，一国的政治稳定性与经济稳定性密切相关，政治稳定性差的国家经济状况也往往低迷，缺乏投资吸引力，给本国货币带来贬值压力；此外，如果一国政治动荡，那么政府的公信力往往受到质疑，极易受到国际游资的攻击，从而增大汇率波动的压力。在国内政策改革的分析方面，由于在不同阶段实行不同的改革政策，因此对外汇市场压力的传导也具有阶段性特点；同时，国内政策改革对外汇市场压力的影响是间接的，它往往通过影响其他因素，对外汇市场产生潜移默化的影响，或通过影响投资者预期，通过投资者的外汇市场操作影响汇率。人民币外汇市场压力的国际因素主要指在逐渐放开的情况下，人民币汇率也不可避免地受到国际政治关系的影响，具体而言，人民币汇率时常受到西方国家，尤其是美国的指责，面临巨大的升值压力。本章选取美国政治选举这一具有周期性特点的政治压力，通过构建美国政治周期政策选择模型，创造性地分析了美国选举期与非选举期交替这一政治周期对人民币外汇市场压力的影响。研究发现，人民币升值在美国总统执政年最小，而在美国国会执政年最大。

---

　　①　本模型有相应的实证证明与分析，具体可参见本书附录的相关内容。

第三部分　高水平对外开放下人民币外汇市场压力的变化趋势

第五章

外汇市场压力的衡量指标与测算

第一节　模型依赖的外汇市场压力
衡量指标与测算方法

一、模型依赖的外汇市场压力起源

格顿和罗珀（1977）通过一个国际收支货币模型最早提出了外汇市场压力的思想，他们将外汇市场压力定义为货币市场上对本国货币的超额需求，认为这种压力必须通过外汇储备或汇率变化予以消除。在固定汇率制度下，央行为维持汇率稳定而在外汇市场上买卖外汇，从而外汇市场压力表现为外汇储备的变化；在浮动汇率制度下，由于央行几乎不进行市场干预，因此外汇市场压力会直接表现在汇率的变化上；而在有管理的浮动汇率制度下，央行的干预操作会吸收一部外汇市场压力，因此外汇市场压力表现为外汇储备和汇率的共同变化。从而，格顿和罗珀认为，外汇市场压力可以统一表示为汇率变化和外汇储备变化之和，即：

$$EMP_t = \Delta e_t - \Delta r_t$$

其中，EMP 是外汇市场压力，e 是直接标价法下的双边汇率（即一单位外币能够兑换的本币数量），Δe 则是汇率对数收益率，该数值变大表示本币贬值；Δr 表示外汇储备变化量除以基础货币。在固定汇率制度或有管理的浮动汇率制度下，当本币贬值时，货币当局会通过买入本币、卖出外币来维持汇率的稳定，从而导致外汇储备的减少，$-\Delta r$ 变大。因此，外汇市场压力（EMP）的数值变大代表本币存在贬值压力，反之则存在升值压力。在完全固定汇率制度下，$\Delta e = 0$，从而 $EMP_t = -\Delta r_t$，而在完全浮动汇率制度下，外汇市场压力完全表现为汇率的变动，即 $EMP_t = \Delta e_t$。

尽管格顿和罗珀（1977）最早提出了外汇市场压力的思想，但他们只是通过定义模型中的某个部分为外汇市场压力来研究开放经济中的货币政策问题，而没有提出外汇市场压力的一般性概念。韦马克（1998）弥补了这一不足，首先提出了外汇市场压力的一般性概念，进而通过理论模型推导出外汇市场压力的测算方法，从而为所有的模型依赖的外汇市场压力指数提供了理论基础。

二、中国开放经济宏观模型构建

参考格顿和罗珀（1977）和韦马克（1998）构建的模型，本书构建了中国开放经济宏观模型，与他们模型中对物价的设定不同，本书不仅将汇率对物价存在影响这一因素纳入分析框架，而且突出了我国汇率对物价的不完全传递效应，从而使模型的设定更具有现实意义。

根据韦马克（1998）提出的外汇市场压力的一般性定义，即在货币当局干预外汇市场之前国际上对本国货币的超额需求带来的名义汇率的变化，外汇市场压力可以表示如下：

$$EMP_t = \Delta e_t + \eta \Delta r_t \tag{5.1}$$

其中，Δe_t 是一单位外币表示本币的对数收益率，Δr_t 是外汇储备的变化量除以基础货币，$\eta = -\partial \Delta e_t / \partial \Delta r_t$，表示汇率对外汇储备的弹性的负数。因此，要测算外汇市场压力 EMP，需要估计弹性 η。下面将通过模型的推导导出 η 的具体表达形式。

（一）货币需求

设本国实际货币需求是标准的卡甘模型的货币需求函数类型，即货币需求取决于物价、国内产出和利率。

$$m_t^d = p_t + \beta_1 y_t - \beta_2 i_t + \varepsilon_t^m, \quad \beta_1, \ \beta_2 \geqslant 0 \tag{5.2}$$

其中，m_t^d 是货币需求量的对数，p_t 是物价水平的对数，y_t 是产出水平的对数，i_t 是国内利率，ε_t^m 表示随机货币冲击。

在关于物价水平的设定上，通常认为物价与汇率存在密切关系。汇率变化会通过直接或间接渠道对国内物价存在传导作用，这称为汇率的传递效应。从进口角度看，在进口商品的世界价格不变的条件下，一国货币升值将导致以本币表示的进口商品价格下降，从而可在一定程度上缓解输入型通胀压力。从出口角度看，汇率变动通过影响出口量进而影响总需求和总供给，从而形成价格上升或下降的压力。而从资本渠道来看，汇率的变化也会通过引发国际资本流入和流出来影响国内物价水平。因此，与韦马克（1998）对物价是外生的这一设定不同，我们假设物价是汇率的函数。

根据一价定律，一个国家的汇率变动会导致其国内价格同等幅度的变化，在这一定律下，汇率传递是完全的，然而，只有在市场完全竞争、信息完全、交易成本为零、关税为零等严格的条件都得以满足时，一价定律才能成立。但是，现实世界中，这些条件往往不能满足，因此，汇率的传递是不完全的。卜永祥（2001）、吕剑（2007）[97]、项后军和许磊（2011）[98]、徐新华等（2014）[99]的研究都证明了汇率对我国物价存在不完全传递效应。

我们将汇率对物价的不完全传递考虑在内，从而得到：

$$p_t = c_t + \alpha_1 p_t^* + \alpha_2 e_t \tag{5.3}$$

其中，p_t^* 是国外物价水平的对数，e_t 为汇率的对数形式。

根据非抛补的利率平价理论，投资者根据自己对未来汇率变动的预期进行投资活动，有：

$$i_t = i_t^* + E[e_{t+1} \mid t] - e_t \tag{5.4}$$

其中 i_t^* 代表外国利率水平，$E[e_{t+1} \mid t]$ 表示对下一期的对数汇率的预期。

（二）货币供给

货币供给函数为：

$$m_t^s = m_{t-1}^s + \Delta d_t + \Delta r_t \tag{5.5}$$

m_t^s 表示 t 期货币供应量的对数，Δd_t 是国内信贷变化百分比（国内信贷变化量除以基础货币），Δr_t 是外汇储备变化百分比（外汇储备变化量除以基础货币）。假设货币当局通过买卖外汇进行外汇市场干预操作，且其干预行为不影响国内信贷，从而国内信贷是外生变量。

这一货币供给函数表示在开放经济中，国内货币供应量的变化主要由国内信贷和外汇储备的变化组成。

（三）市场出清

货币市场出清时，货币需求等于货币供给，即 $m_t^d = m_t^s$。

把公式（5.3）、公式（5.4）代入公式（5.2），得：

$$m_t^d = c + \alpha_1 p_t^* + \alpha_2 e_t + \beta_1 y_t - \beta_2 [i_t^* + E[e_{t+1} | t] - e_t] + \varepsilon_t^m \qquad (5.6)$$

将公式（5.6）进行差分处理，可得：

$$\Delta m_t^d = \alpha_1 \Delta p_t^* + (\alpha_2 + \beta_2) \Delta e_t + \beta_1 \Delta y_t - \beta_2 [\Delta i_t^* + \Delta E[e_{t+1} | t]] + \Delta \varepsilon_t^m$$
$$(5.7)$$

将公式（5.5）移项可得：

$$\Delta m_t^s = \Delta d_t + \Delta r_t \qquad (5.8)$$

货币市场出清时，$\Delta m_t^d = \Delta m_t^s$，从而：

$$\Delta e_t = - \{ \alpha_1 \Delta p_t^* + \beta_1 \Delta y_t - \beta_2 [\Delta i_t^* + \Delta E(e_{t+1} | t)] +$$
$$\Delta \varepsilon_t^m - \Delta d_t - \Delta r_t \} / (\alpha_2 + \beta_2) \qquad (5.9)$$

从而可得：$\partial e_t / \partial \Delta r_t = 1 / (\alpha_2 + \beta_2)$

因此，弹性 η 可表示为：$\eta = -\partial \Delta e_t / \partial \Delta r_t = -1 / (\alpha_2 + \beta_2)$

由此我们得到模型依赖的外汇市场压力的具体表达形式：

$$EMP_t = \Delta e_t - \frac{1}{\alpha_2 + \beta_2} \Delta r_t$$

我们只需根据公式（5.2）和公式（5.3）估计系数 α_2 和 β_2 即可测算出外汇市场压力指数。

三、模型依赖的外汇市场压力测算的局限性

尽管模型依赖的外汇市场压力指数具有模型理论基础，可以根据不同国家的具体情况来设定模型的具体形式，受到学界的认可，但是该方法在具体的应用方面存在一定的局限性。

首先，由于该方法测算的指数依赖于具体的模型，因此，对模型设定的改变将改变指数的形式。具体而言，对模型设定的改变将改变弹性 η 的形式，从而使得外汇市场压力的测算带有较大的主观性。

其次，由于标准的宏观经济模型难以解释短期（1 年以内）、超短期（1 个月以内）甚至中期（1 ~ 5 年）的汇率行为（李晓峰、陈华，2010[100]；Krugman and Obstfeld，2003），因此依赖于宏观变量推导的外汇市场压力指数难以准确解释短期内的外汇市场压力。使用这一方法估算的外汇市场压力可能会存在较大偏误。

最后，除存在模型设定偏差的问题之外，对弹性系数的估计也可能存在偏差。以上面构建的中国开放经济宏观模型为例，在估计系数 β_2 时，首先需要找到合适的货币需求量的代表变量，而估计货币需求本身即是一个较

为困难的过程，在此之后，还需再建立回归方程计算系数 β_2。对多个变量和系数的层层估计可能会导致外汇市场压力指数的测算存在困难和偏差。

因此，模型依赖的外汇市场压力指数也受到了一定的批评，并催生了非模型依赖的外汇市场压力指数的构建。下面将介绍非模型依赖的外汇市场压力指数的测算方法，并运用这一方法测算的指数进行后面的实证分析。

第二节　非模型依赖的外汇市场压力衡量指标与测算方法

鉴于难以建立一个理想的理论模型来衡量现实中的外汇市场压力，艾肯格林等（1996）较早提出了一种相对简单的不依赖特定模型设定的外汇市场压力指数，称为非模型依赖的外汇市场压力指数。它是双边利差、双边汇率收益率之差以及国际储备变化百分比的加权平均值。与韦马克（1998）提出的模型依赖的外汇市场压力不同，在艾肯格林等（1996）构建的指标当中，三个要素之间的权重是它们各自的标准差。事实上，在非模型依赖的外汇市场压力指标计算中，各个组成部分权重的设定并无定法，它不像模型依赖指数那样从结构模型中导出权重。

此后，范珀克（2007）、克拉森和雅格（2006，2011）、海纳吉（2014）等人借鉴艾肯格林的方法，构建了包含双边利差在内的外汇市场压力指数。例如，海纳吉（2014）提出的外汇市场压力指数的计算方法如下：

$$EMP_t = \Delta \ln e_t - \eta_1 \left(\frac{\Delta RES_t}{M_{t-1}} \right) + \eta_2 \Delta (r_t - r_t^*)$$

其中，$\Delta \ln e_t$ 是汇率的对数收益率，$\dfrac{\Delta RES_t}{M_{t-1}}$ 是外汇储备存量的变化除以上一期基础货币，$\Delta(r_t - r_t^*)$ 表示本国与外国（此处外国特指双边汇率中的另一国）的利差变化量，由于很多国家使用利率工具来减轻外汇市场压力，因此，海纳吉将利差纳入了外汇市场压力指数的计算当中。系数 η_1 是汇率收益率标准差除以外汇储备变化率的标准差，而 η_2 则是汇率收益率标准差除以利差序列的标准差。η_1 和 η_2 都是正数。该式表示，外汇市场压力一部分表现在汇率的变化上，另一部分表现在货币当局的干预工具变化上。例如，当本国货币面临升值压力时，EMP 为负数，汇率变化也为负数，此时货币当局可以通过买入外汇、卖出本币来吸收升值压力，从而导致升值压力部分表现为外汇储备增加，故而 η_1 前面为负号；货币当局也可以通过降低本国利率、缩小中外利差来吸收升值压力，从而导致升值压力部分表现为利差减小，故而 η_2 前面的系数为正数。范珀克（2007）在测度欧洲国家货币的外汇市场压力时，也使用了与海纳吉（2014）几乎一致的方法。非模型依赖的计算方法与模型依赖相同之处在于，在间接标价法下，该指标如果是负数，则表示相应货币承受了升值压力，而正数则表示贬值压力。

在确定 *EMP* 指数成分方面，也有不少研究并没有将利差项包括在内，而是仅以汇率变化和外汇储备变化来测度外汇市场压力（Kaminsky and Reinhar，1999；Fiess and Shankar，2009；Frankel and Xie，2010；Erten and Ocampo，2013）。这种方法通常用于测度新兴市场国家的外汇市场压力，这是因为新兴市场国家利率市场化程度较低、利率波动不频繁，央行也较少使用利率手段吸收外汇市场压力。在这种情况下，照搬海纳吉的计算方法则有失妥当。以厄滕和奥坎波（Erten and Ocampo，2013）的方法为例，他们构建的不包含利差项的外汇市场压力指数为：

$$EMP_{it} = \frac{1}{\sigma_i^{RES}}\frac{\Delta RES_{it}}{RES_{it}} + \frac{1}{\sigma_i^{RER}}\frac{\Delta RER_{it}}{RER_{it}}$$

其中，i 表示国家，t 表示时间，$\dfrac{\Delta RES_{it}}{RES_{it}}$ 表示 i 国 t 期的汇率变化率，而 $\dfrac{\Delta RER_{it}}{RER_{it}}$ 则表示 i 国 t 期的外汇储备变化率。σ 表示对应项的标准差。厄滕和奥坎波（2013）的计算方法在本质上等同于不包含利差项的海纳吉（2014）的方法。

在计算外汇市场压力时，无论是否包括利差项，其计算思想都是一致的，即只需将我们观察到的实际汇率变动加上央行干预操作吸收的那部分，便可以得到最初本国货币所承受的币值变化压力。近年来，尽管我国并不主要依赖利率调节外汇市场压力，但是随着我国利率市场化进程的加快，利率工具在吸收外汇市场压力中的作用逐渐得以发挥，因此，下面将同时以不包含利差项和包含利差项两种方法计算人民币的外汇市场压力，并进行比较，以求得到更为客观、准确的衡量指标。

第三节　人民币外汇市场压力指标构建与测算

考虑到模型依赖算法在衡量短期外汇市场压力方面的局限性，本节使用非模型依赖方法对人民币外汇市场压力进行测算。由于目前同时存在包含利差和不包含利差两种非模型依赖算法，因此，为尽可能保证测算的准确性，本节同时使用两种方法对人民币外汇市场压力进行测算。

一、不含利差项的压力指标构建与测算

（一）指标构建

由于我国目前实行有管理的浮动汇率制度，外汇市场压力主要通过汇率变化和央行干预予以吸收，而央行的外汇干预主要体现在外汇储备的变化上，因此，本书首先根据海纳吉（2014）的测算方法，构建了不含利差项的人民币外汇市场压力指标，如下所示：

$$EMP_t = \Delta \ln e_t - \eta \left(\frac{\Delta RES_t}{M_{t-1}} \right)$$

指标中各组成部分的含义同上面介绍的海纳吉（2014）的方法，η 表示汇率变化率的标准差除以外汇储备变化与上期基础货币之比的标准差。

（二）数据来源与数据处理

由于 2008 年金融危机对全球货币均带来了不同程度的影响，甚至可能对金融市场变量走势造成结构性的变化，我国也在此背景下实施了新一轮高水平对外开放，因此，本书以 2008 年金融危机为分界点，所有数据采用 2008 年 1 月至 2015 年 6 月的月度数据，对人民币外汇市场压力进行测算，这也方便后面使用这一指标进行相应的实证分析。指标计算中涉及的变量数据的基本情况如表 5 - 1 所示。

表 5 - 1   变量数据说明

数据	数据含义	数据来源	数据处理
e	人民币兑美元名义汇率	CEIC 数据库	对 e 取对数再差分，得到汇率对数收益率 $\Delta \ln e_t$
RES	外汇储备额	国家外汇管理局网站	对 RES 进行差分，再除以上一期基础货币 M，得到外汇储备变化率 $\Delta RES_t / M_{t-1}$
M	基础货币	CEIC 数据库	
η	系数	作者计算而得	汇率收益率标准差除以外汇储备变化率的标准差

（三）指标测算

为使测算数据更直观，根据上述方法计算出的外汇市场压力数据统一乘以 100，从而得到人民币外汇市场压力如图 5 - 1 所示。

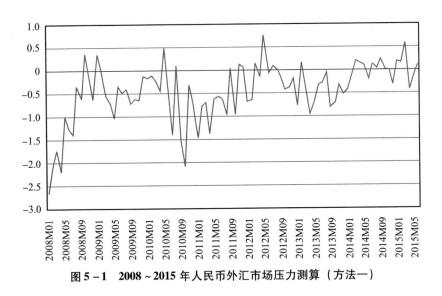

图 5 - 1　2008 ~ 2015 年人民币外汇市场压力测算（方法一）

由图 5 - 1 可以看出，首先，人民币在多数时间承受着升值压力，其中尤以 2008 年上半年和 2010 年下半年最为巨大，其主要原因可能是：2008 年全球金融危机和 2010 年欧洲主权债务危机的爆发和蔓延，促使国际资本逃离美国和欧洲等主要发达国家和地区，转而向受影响较小的中国涌入，给人民币带来了升值压力；美国等国实行的量化宽松货币政策不仅给本国货币带来贬值压力，从而间接推高人民币汇率，这些国家国内的低利率政策也促使国际热钱流向利率较高的中国，并推动人民币升值预期的形成，给人民币带来升值压力。

其次，近三年来人民币升值压力明显得到缓解，甚至出现较长时间的贬值压力，2015 年以来尤为明显，总体来看基本围绕 0 值上下波动，其主要原因可能是：一方面，我国汇率市场化改革进程加快①，国际社会对人民币单边升值预期有所减弱，甚至在短期内出现贬值预期，导致资本流

---

① 例如，2015 年 8 月 11 日，中国人民银行完善人民币兑美元汇率中间价报价，当日人民币兑美元中间价为 6.2298 元，与 8 月 10 日中间价出现了接近 2% 的贬值，创 2013 年 4 月 25 日来新低。

出；另一方面，我国经济进入"新常态"，经济增速的放缓给人民币带来了一定的贬值压力，加之美国等国经济开始复苏，不再维持超低利率而是开始调高利率，这给人民币兑美元汇率带来了贬值压力。

二、包含利差项的压力指标构建与测算

（一）指标构建与数据说明

为使人民币外汇市场压力指标的测算更为准确，本书借鉴海纳吉（2014）的测算方法，在指标成分中加入利差项进行二次测算，指标构建如下：

$$EMP_t = \Delta \ln e_t - \eta_1 \left(\frac{\Delta RES_t}{M_{t-1}} \right) + \eta_2 \Delta r_t$$

其中，Δr_t 表示本国与美国利率之差，使用 Shibor 隔夜利率减美国联邦基金利率计算而得；η_2 为汇率收益率标准差除以利差标准差。指标中其他组成部分的含义与上面介绍的海纳吉（2014）的指标一致。

（二）指标测算

包含利差项的人民币外汇市场压力趋势如图 5-2 所示。

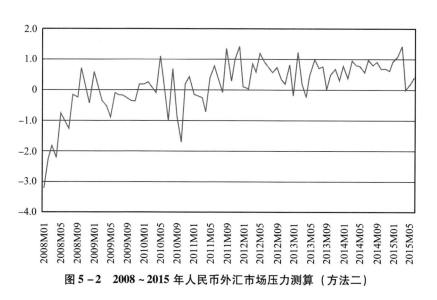

图 5-2 2008～2015 年人民币外汇市场压力测算（方法二）

当在指标测算中加入利差项之后，可以发现，尽管 2011 年以来人民币面临更多的贬值压力，但是整体趋势与不含利差项的计算结果基本一致，其中 2008 年上半年和 2010 年下半年人民币仍然面临非常大的升值压力。

三、总体评价

比较上述两种人民币外汇市场压力的测算方法，它们对人民币外汇市场压力走向的测算结果基本一致。二者不同之处在于，在加入了利差项之后，近几年指标的数值偏高，这与我国利率市场化改革不到位、国内利率高于美国利率有很大关系。考虑到我国利率市场化改革尚在加速初期，动用利率手段吸收外汇市场压力并非日常调节手段，因此使用不含利差项的测算方法目前而言似乎更为可靠。

尽管如此，当人民币面临巨大外汇市场压力时，两种测算方法都能予以捕捉，得出相同的结论；并且，两种方法测算的指数变化走向基本相同，都反映了近年来人民币升值压力的缓解趋势。从这个角度上看，使用任何一种测算方法都是可以接受的。

本 章 小 结

本章围绕外汇市场压力的衡量指标与测算方法进行展开。外汇市场压力的测算方法可分为两类：模型依赖与非模型依赖。本章首先构建了中国开放经济宏观模型，并在模型构建中加入了我国汇率对物价的不完全传递效应，推导出模型依赖方法下人民币的外汇市场压力指标，进而介绍了模型依赖算法在衡量短期外汇市场压力方面的局限性，这种局限性催生了非模型依赖的外汇市场压力指数的产生。本书借鉴前人对非模型依赖外汇市场压力的指标分析，测算了包含利差项与不包含利差项两种人民币外汇市场压力。测算结果显示，两种方法测算的指数变化走向基本相同，都反映了近年来人民币升值压力的缓解趋势，从这个角度上看，使用任何一种测算方法都是可以接受的；二者不同之处在于，在加入了利差项之后，近几年指标的数值明显偏高，这与我国利率市场化改革不到位、国内利率高于美国利率有很大关系。考虑到我国利率市场化改革尚在加速初期，因此使用不含利差项的测算方法目前而言更为可靠。

第六章

人民币国际化加速对外汇
市场压力的影响

第一节　人民币国际化的发展进程

如第二章所述，高水平对外开放中一个重要的方面即是人民币国际化。因此，本章从人民币国际化加速视角研究高水平对外开放进程对人民币外汇市场压力的影响，而本节将首先回顾人民币国际化的发展历程。

关于人民币国际化的探讨起步于 20 世纪 80 年代末（曾宪久等，1988）[101]，此后，胡定核（1995）[102]、郑木清（1995）[103]、姜凌（1997）[104]、巴曙松（2003）[105]、赵海宽（2003）[106]等早期研究都尝试性探讨了人民币国际化的可行性，认为人民币正逐步显现出成为国际货币的迹象①。

2008 年全球金融危机之后，美元地位受到一定程度的动摇，而我国政府对人民币国际化的态度也明显由冷转热，于 2009 年 7 月正式启动我国跨境贸易人民币结算试点，这被认为是人民币走向国际化的关键一步。自此开始，人民币国际化进程在我国的大力推动下明显加快，截至 2011 年底，跨境贸易人民币境内结算范围扩大至全国，境外结算地也扩展至全球。在资本与金融领域，中国香港地区、新加坡、伦敦等人民币离岸市场的建立和快速发展为人民币在全球范围的流通和交易提供了有利条件。银行间债券市场对国内外机构的开放、人民币 FDI 试点、上海自贸区的建立等都进一步开辟了人民币的回流渠道。而在储备货币方面，目前已有韩国、白俄罗斯、马来西亚、泰国、柬埔寨、俄罗斯和菲律宾等国央行宣布将人民币纳入其外汇储备货币；截至 2014 年 9 月，中国已与 25 个国家签订

---

① 当然，早期也有相当的研究对人民币国际化持悲观甚至反对态度。

了货币互换协议，使得人民币可通过官方渠道进入这些国家的金融体系。2015 年 12 月 1 日，人民币成功进入特别提款权（SDR），这是人民币成为国际储备货币的重要一步，也是中国经济融入全球金融体系的重要里程碑。

伴随着人民币国际化的顺利发展，更多的学者也认为人民币国际化具有必要性和可行性（李稻葵等，2008[107]；王元龙，2009[108]；蒙震等，2013[109]；李建军等，2013[110]；马静、冼国明，2014[111]）。作为国家重要的战略决策，人民币国际化战略的推行和前景已得到广泛的认可。李建军等（2013）通过全面分析人民币货币化的发展现状，认为人民币在国际市场的认可度和接受度在不断增强，将会在 15 年左右成为主要国际货币。成思危（2014）[112]对人民币国际化的前景非常乐观，他认为，在国际形势有利、国内改革顺利的情况下，10 年左右可以基本实现人民币的国际化。中国人民大学国际货币研究所在其《人民币国际化报告 2014》①中预计，人民币有望在 2020 年之前成为仅次于美元、欧元之后的第三大货币。

第二节　人民币国际化影响人民币外汇市场压力的传导渠道

一、货币国际化、汇率预期与外汇市场压力

货币国际化是指一国货币能够跨越国界，在境外流通，成为国际上普遍认可的国际贸易、国际投融资的计价、结算货币以及重要的国际储备货币的过程。货币国际化的过程会可能产生对该种货币的币值变动和波动带来压力。

弗兰克尔（2012）对人民币国际化的分析指出，货币国际化会增加对该种货币的需求量，从而产生货币升值压力、影响一国的出口竞争力，同时，由于货币国际化通常伴随着资本账户的开放和资本流动性的增加，因此货币国际化的过程也可能带来货币需求的大幅波动，给该货币币值变动带来压力。马其德等（Maziad et al.，2011）[113]也指出，货币国际化由于增加了市场对该货币的需求，所以通常会引起该货币的升值。沙文兵和刘红忠（2014）[114]对人民币国际化和人民币币值变动的研究进一步指出，人

---

①　中国人民大学国际货币研究所. 人民币国际化报告：人民币离岸市场建设与发展［R］. 北京：中国人民大学出版社. 2014，7.

民币国际化除引起人民币实际升值之外，还会促进人民币升值预期的形成。

货币国际化可以通过贸易渠道和资本与金融渠道传导至外汇市场压力，并最终可能引起汇率的实际变动。一方面，货币国际化增加了国际市场对该货币计价和交易的需求，大量外汇将兑换为该国货币，从而给该货币带来升值压力；另一方面，货币国际化的顺利进行也会增强市场参与者对该货币升值的预期，从而给该货币带来升值压力。

反过来看，货币的升值预期或实际升值压力有可能会推动货币的国际化。这是因为，短期内货币的升值或升值预期会促使投资者或投机者买入该货币以获取收益，而该货币的升值预期也会增加市场参与者对该货币的信心，从而有利于货币国际化的推进。但是货币的过度或过快升值有可能会损害实体经济的发展，从而不能为货币国际化提供坚实的经济基础，这从长期来看反而不利于货币的国际化。

二、人民币国际化对人民币外汇市场压力的传导渠道

罗（Lo，2010）[115]指出，人民币国际化的重要进展将促使国际储备货币从美元向人民币大规模转移，从而对汇率和国际金融市场产生重大影响。与其他国际化货币类似，人民币国际化对人民币外汇市场压力的传导主要通过两大渠道进行：贸易渠道和资本与金融渠道。

在贸易渠道方面，随着人民币成为更多贸易商选择使用的计价、结算货币，国际上对人民币的需求也将大幅增加，更多交易商选择买入人民币，从而对人民币产生升值压力。

在资本与金融渠道方面，人民币国际化的顺利进行会增强投资者对人民币升值的预期，认为人民币资产的预期收益会增加，从而在外汇市场买入人民币、增加人民币在其资产组合中的比例，给人民币带来升值压力；而如果人民币国际化推进不顺畅，也会削弱国际投资者对人民币的信心，从而减少人民币资产的持有，进而对人民币带来贬值压力。

第三节　人民币国际化影响人民币外汇市场
压力的实证分析：单期视角

为全面、深入分析人民币国际化与人民币外汇市场压力的关系，我们

借鉴潘迪（2015）对外汇市场压力的分析方法，同时使用两种方法进行实证分析，以使分析结果更为稳健。首先，由于人民币国际化、汇率预期都可能直接影响人民币外汇市场压力，因此先通过最小二乘法进行实证分析，观察其基本关系；其次，考虑到变量之间可能存在的相互影响关系，再建立向量自回归模型，以求更为准确地研究其内在的动态关系。

一、实证设计

（一）模型构建

根据上一节的理论分析，人民币国际化、汇率预期都可能直接影响人民币外汇市场压力，再根据第三章对人民币外汇市场压力影响因素的理论分析，经济增长、国际收支、通货膨胀等宏观经济因素是影响外汇市场压力的基础性因素，本书构建实证检验模型如下：

$$EMP_t = \alpha + \beta_1 Expect_t + \beta_2 d(\ln HKRMB)_t +$$
$$\beta_3 CPI_t + \beta_4 Trade_t + \beta_5 d(Industry)_t + \varepsilon_t$$

与已有研究不同，考虑到外汇市场压力并不一定会导致汇率的实际变动，因此本书直接构建外汇市场压力指标作为研究的因变量进行实证分析，以探讨人民币国际化是否是人民币升值或贬值的压力因素。

其中，EMP 表示人民币的外汇市场压力，由于样本期间内我国利率市场化程度并不高，央行使用利率手段调节汇率也并不常见，因此具体指标采用第五章计算的不含利差项的人民币外汇市场压力指数。

$Expect$ 表示市场对人民币汇率的预期。目前常用的人民币预期汇率的度量方法是使用香港市场上人民币无本金交割远期汇率（NDF）或其变形进行度量（李晓峰、陈华，2008[116]；蒋先玲等，2012；沙文兵、刘红忠，2014）。这是因为，首先，人民币无本金交割远期汇率是人民币远期汇率的一种，可以在一定程度上反映市场对人民币未来汇率变动的预期，其次，该远期汇率在香港离岸人民币外汇市场上形成，外汇交易量较大，市场化程度很高，数据的可靠性较好。为尽可能准确衡量人民币汇率预期，本书参考沙文兵和刘红忠（2014）的度量方法，将人民币汇率预期指标计算如下：

$$Expect = (CNY\_spot - CNH\_NDF)/CNY\_spot$$

其中，CNH_NDF 表示香港离岸人民币市场上 1 年期人民币兑美元无本金交割远期汇率（*NDF*），*CNY_spot* 表示在岸市场上人民币兑美元的即期汇率。该公式表示用人民币远期汇率相对于即期汇率的变动率来衡量市场对人民币汇率走势的预期，在直接标价法下，当 *Expect* > 0 时，表示离岸人民币远期汇率高于在岸即期汇率，市场参与者会认为在岸人民币被低估，从而预期人民币未来将升值；当 *Expect* < 0 时，则表示离岸人民币远期汇率低于在岸即期汇率，市场参与者会认为在岸人民币被高估，从而预期人民币未来将贬值。

HKRMB 表示中国香港地区的离岸人民币存量，用来代表人民币国际化程度。之所以使用香港的离岸人民币存量作为人民币国际化程度的代表，是因为，首先，货币的国际储备量是衡量一种货币国际化程度至关重要的因素，但由于人民币目前还不是主要的国际储备货币，且部分国家出于保密性的需要并未公布外汇储备的构成，因此，无法直接使用人民币的全球储备数据，而中国香港地区作为最大的人民币离岸市场，开展人民币业务时间长，持有大量的存量人民币，随着人民币国际化的发展，中国香港地区离岸人民币存量也会随之增加，故而使用中国香港地区的离岸人民币存量作为人民币国际化程度的代表既具有可行性又具备合理性。其次，尽管目前有不少研究机构通过综合人民币在贸易、资本方面的跨境结算量计算了人民币国际化指数（如中国人民大学国际货币研究所、渣打银行、中国银行等），但是，这种指数的构建不仅具有很大的主观性，特别是对指数内各成分权重的选择十分主观，而且指数中也没有考虑人民币国际储备量这一因素，因而使用这一指标不仅达不到全面衡量人民币国际化程度的目的，而且增加了计算的繁杂性。加之本书使用 2008 年 1 月至 2015 年 6 月的月度数据，而人民币国际化指数尚未见月度数据，因此本书最终选取中国香港地区的离岸人民币存量作为人民币国际化程度的代表。这种做法与沙文兵和刘红忠（2014）相一致。

考虑到中国香港地区离岸人民币存量增速与人民币国际化增速的趋同性，同时也为避免异方差，本书对 *HKRMB* 先取对数再差分，得到 d(ln *HKRMB*)，表示人民币国际化的增速。

根据该模型的控制变量为 *CPI*、*Trade* 和 d(*Industry*)。其中 *CPI* 为国内通货膨胀率，*Trade* 表示贸易顺差额（即出口额与进口额之差），d(*Industry*) 表示工业增加值的增长量，作为经济增长的代表变量。

该模型可以检验人民币国际化的增速显著影响人民币外汇市场压力。根据前面的理论分析，本书提出如下假设：

假设 6 - 1：人民币国际化增速的提高会对人民币带来升值压力。

（二）数据说明

考虑到 2008 年金融危机对全球金融市场带来了巨大的冲击，可能引起人民币外汇市场压力的走势形态发生结构性变化，加之我国高水平对外开放是在 2008 年金融危机之后呈现出的新局面，人民币国际化也是在 2008 年才开始逐渐加速，同时为保证全部数据的可得性，因此，本书统一采用 2008 年 1 月至 2015 年 6 月的月度数据进行实证分析，以得出在当前稳定、开放度不断提高的环境下，人民币国际化如何影响人民币外汇市场压力[①]。在后面的平稳性检验中，相关结构突变检验也支持了这一样本区间的选择。相关变量的计算及数据来源如表 6 - 1 所示。

表 6 - 1　　　　　　　　　相关变量的计算及数据来源

变量	计算方法与数据来源
外汇市场压力（EMP）	详见第五章 EMP1 的计算
人民币汇率预期（Expect）	$Expect = \dfrac{(CNY\_spot - CNH\_NDF)}{CNY\_spot}$ 在岸人民币兑美元的即期汇率来源于 CEIC 数据库，离岸 1 年期 NDF 数据来源于 Bloomberg datastream 数据库。 由于获取的都是日度数据，因此对汇率预期的日度数据进行算术平均，得到月度数据
香港离岸人民币存量（HKRMB）	香港金融管理局官方网站发布的《金融数据月报》
贸易顺差（Trade）	贸易顺差 = 出口 - 进口，数据来源于 CEIC 数据库
通货膨胀率（CPI）	数据来源于 CEIC 数据库
工业增加值增长量（d(Industry)）	本期工业增加值（Industry）减上期工业增加值。 可直接从 CEIC 数据库获得 2006 年 11 月及之前工业增加值的月度数据，2006 年 11 月之后的数据尽管不能直接获取，但可以根据国家统计局每月发布的规模以上工业增加值同比、累积同比、季调环比数据计算得到。最后，将补齐后的工业增加值数据做季节调整以剔除季节影响，得到最终可用数据

---

　　① 2015 年 8 月 11 日，人民币兑美元汇率中间价改革，当日人民币贬值接近 2%，并开启了此后一段时间人民币的贬值周期，有发生趋势突变的可能性。由于改革时间距成稿日期较短，可供观测的样本数量有限，因此本书未将此次改革纳入实证分析，今后如贬值持续，可考虑扩充样本做进一步研究。

二、平稳性检验

（一）ADF 单位根检验

在做回归方程之前，为避免时间序列不平稳带来的方程伪回归问题，首先对各时间序列变量做 ADF 单位根检验（Augmented Dickey – Fuller Test），检验结果如表 6 – 2 所示，在样本区间内，所选变量均为平稳序列。

表 6 – 2　　　　　　　　　　ADF 单位根检验结果

变量	ADF 统计值	1% 临界值	5% 临界值	10% 临界值	P 值	结果
*EMP*1	– 3.6606	– 3.5074	– 2.8951	– 2.5847	0.0064	平稳
Expect	– 3.2299	– 3.5065	– 2.8947	– 2.5845	0.0215	平稳
d(ln*HKRMB*)	– 3.9771	– 3.5065	– 2.8947	– 2.5845	0.0024	平稳
CPI	– 3.9330	– 3.5083	– 2.8955	– 2.5850	0.0028	平稳
Trade	– 5.0942	– 3.5056	– 2.8943	– 2.5843	0.0000	平稳
d(*Industry*)	– 8.3967	– 3.5083	– 2.8955	– 2.5850	0.0000	平稳

（二）BLS（1992）斜率突变循序检验

由于 2008 年金融危机可能影响人民币外汇市场压力的变化方向，为确保所选区间数据不存在突变点，影响回归的可靠性，本书采用班纳吉、拉姆斯戴恩和斯托克（Banerjee，Lumsdaine and Stock，1992）[117]内生结构突变检验方法（以下简称 BLS 内生结构突变检验方法）中的趋势突变循序检验方法予以检验。

BLS（1992）内生结构突变检验方法是一种不同于派伦（Perron，1989）的外生结构突变检验方法，它并没有先验主观地设定结构突变点，而是采用特定的数据依赖算法进行单位根检验，并推断突变点的准确位置。BLS 的检验方法包括递归检验、滚动检验和循序检验。其中，循序检验统计量使用全部样本进行计算，检验功效高于其他两种方法，并且其公式表述简洁，易于实现程序化处理，对突变点的判断相对简单可靠①。

---

① 栾惠德. 含有结构突变的单位根检验及对我国外贸时间序列的实证分析［D］，南开大学硕士研究生学位论文，2005，4.

循序检验的基本思想是，以虚拟变量代表结构突变的发生，循序逐个考察可能的发生突变的时点，检验得到 ADF 值，从检验结果中选取最小的 ADF 值与临界值相比较，若能拒绝原假设（数据生成过程是不含有突变的单位根过程），则认为数据为带有结构突变的趋势平稳过程。趋势突变模型具体表述如下：

$$\Delta y_t = \rho y_{t-1} + \mu + \beta_t + \gamma DT_t + \sum_{i=1}^{p} c_i \Delta y_{t-i} + u_t \quad u_t \sim i.i.d(0, \sigma^2)$$

　　其中，$DT_t = \begin{cases} 0, & t \leqslant T_b \\ t - T_b, & t > T_b \end{cases}$，$T_b$ 代表了样本中待考察的突变点，通常在全部样本数据 T 的 $(0.15T, 0.85T)$ 的范围内取值，每一次均使用全部样本进行计算，从检验得到的全部 ADF 值中选择最小的同临界值进行比较，从而检验原假设。在趋势变动循序检验中，取得最小的 ADF 值所对应的样本点就是可能的趋势突变点，实际突变点从其下一个时间点开始引入。

　　本书用 EViews8.0 进行编程，在样本中循序加入虚拟变量，检验 2000 年 1 月至 2015 年 6 月人民币外汇市场压力（$EMP1$）发生突变的可能性，共 186 个样本。检验结果如图 6 - 1 所示。

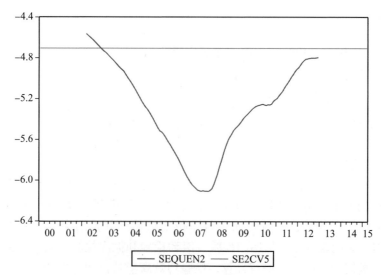

图 6 - 1　人民币外汇市场压力斜率突变循序检验结果

注：①SE2CV5 表示 2.5% 的临界值 - 4.70，该值由 BLS（1992）表 1、表 2 中 $T = 100$ 和 250 的临界值插值近似计算得出（见表 6 - 3）。

②检验式中差分滞后项个数均固定取 1。

表 6 – 3 　　　　　BLS（1992）内生结构突变检验方法临界值表

样本量 T	百分位数	趋势变动循序检验临界值
	0.025	-4.76
100	0.050	-4.48
	0.100	-4.20
	0.025	-4.66
250	0.050	-4.39
	0.100	-4.12

　　由于 SEQUEN1 序列的最低点低于 SE2CV5，所以拒绝原假设。检验结果说明人民币外汇市场压力不但是趋势平稳过程（结果与 ADF 检验一致），而且发生了趋势突变，由于 ADF 取最小值的样本点为 2007 年 12 月，所以可以认为趋势突变发生于 2008 年 1 月，因此，从 2008 年 1 月开始选取样本是合理的，不会造成模型设定误差，模型设定稳健。由于 $EMP2$ 的检验结果图与 $EMP1$ 几乎一致，因此在此不做赘述。

三、实证结果分析

　　表 6 – 4 前两列报告了假设 6 – 1 的 OLS 检验结果。从中可以看出，在汇率预期及其他变量一定的前提下，人民币国际化增速提高会对人民币带来显著的升值压力（系数负号表示升值），在人民币国际化增速及其他变量稳定的情况下，预期人民币升值也将显著提高人民币的升值压力。这一结论与本书假设 6 – 1 的预期相符，从而说明人民币国际化的提速确实会给人民币带来升值压力。

表 6 – 4 　　　　人民币国际化对人民币外汇市场压力的回归结果

项目	$EMP1$	P 值
Constant	0.8483 （0.3462）	0.7301
Expect	-12.7483 *** （-5.1843）	0.0000

项目	EMP1	P 值
d(ln*HKRMB*)	− 1. 7049 ** (− 2. 3766)	0. 0198
CPI	− 0. 0106 (− 0. 4446)	0. 6578
Trade	− 2. 25 (− 0. 7470)	0. 4572
d(*Industry*)	− 0. 0005 (− 0. 3051)	0. 7610
R^2	0. 5442	—
Adjusted R^2	0. 5168	—
Prob (*F − statistic*)	0. 0000	—

注：* 表示 10% 以下显著，** 表示 5% 以下显著，*** 表示 1% 以下显著；括号内为 t 值。

为进一步检验人民币国际化增速、人民币外汇市场压力和人民币汇率预期之间的相互关系，第四节构建了向量自回归（VAR）模型进行实证分析。

第四节　人民币国际化影响人民币外汇市场压力的实证分析：动态视角

一、模型构建

（一）基本模型构建与样本数据说明

根据前面的理论分析，由于人民币国际化的发展可能会影响投资者预期、进而影响人民币的外汇市场压力，同时人民币的升值也有可能影响人民币国际化的进度和投资者的预期，由此可知，人民币国际化增速、人民币升值预期、人民币外汇市场压力之间可能存在相互影响的内生性关系。

因此，在使用最小二乘法进行单期的简单关系检验之后，本节采用向量自回归的方法对三者关系作出更为准确的检验。

向量自回归模型不以任何理论为依据，它把系统中每一个内生变量作为系统中所有内生变量的滞后值的函数来构造模型，从而将单变量自回归模型推广到由多元时间序列变量组成的"向量自回归模型"，以此估计全部内生变量的动态关系。VAR 模型常用于预测互相联系的时间序列系统及分析随机扰动对变量系统的动态冲击，从而解释各种经济冲击对经济变化形成的影响。模型构造如下：

$$EMP_t = \sum_{i=1}^{k} \gamma_{11}^i EMP_{t-i} + \sum_{i=1}^{k} \gamma_{12}^i Expect_{t-i} + \sum_{i=1}^{k} \gamma_{13}^i \mathrm{d}(\ln HKRMB)_{t-i} + \varepsilon_{1t}$$

$$Expect_t = \sum_{i=1}^{k} \gamma_{21}^i EMP_{t-i} + \sum_{i=1}^{k} \gamma_{22}^i Expect_{t-i} + \sum_{i=1}^{k} \gamma_{23}^i \mathrm{d}(\ln HKRMB)_{t-i} + \varepsilon_{2t}$$

$$\mathrm{d}(\ln HKRMB)_t = \sum_{i=1}^{k} \gamma_{31}^i EMP_{t-i} + \sum_{i=1}^{k} \gamma_{32}^i Expect_{t-i} + \sum_{i=1}^{k} \gamma_{33}^i \mathrm{d}(\ln HKRMB)_{t-i} + \varepsilon_{3t}$$

其中，EMP、$Expect$、$\mathrm{d}(\ln HKRMB)$ 的含义与前面相同，γ 是待估系数，t 表示时间，k 表示最大滞后期数，ε 是随机扰动项。在 VAR 模型里，所有变量均视为相互影响的内生变量，从而可以考察任意内生变量的冲击对其他内生变量的影响。由于 CPI、$Trade$ 以及 $\mathrm{d}(Industry)$ 在基本检验模型中并不显著，并且根据理论分析，这三者与人民币国际化、汇率预期以及外汇市场压力的内生影响关系并不明显，因此不将其纳入 VAR 模型当中。

样本数据同样适用 2008 年 1 月至 2015 年 6 月的月度数据。根据前面的平稳性检验，所有变量均为平稳序列，可以构造 VAR 模型。

（二）滞后阶数选择

VAR 模型中一个重要问题是滞后阶数的确定。在选择滞后阶数时，一方面希望使滞后阶数足够大，以便能完整反映所构造模型的动态特征；另一方面，滞后阶数越大，需要估计的参数也就越多，模型的自由度就减少。在选择滞后阶数时，常用的是 AIC、SC、HQ 信息准则等，一般要求其值越小越好。本书用 EViews8.0 获得最优滞后阶数为 2。具体情况如表 6 - 5 所示。

表6-5　　　　　　　　　　　最优滞后阶数选择表

Lag	logL	LR	FPE	AIC	SC	HQ
0	289. 7227	NA	1. 69e – 07	– 7. 079573	– 6. 990890	– 7. 043992
1	400. 1581	209. 9636	1. 38e – 08	– 9. 584151	– 9. 229418	– 9. 441827
2	424. 1764	43. 88528	9. 54e – 09	– 9. 954973	– 9. 334190 *	– 9. 705906 *
3	432. 4264	14. 46289	9. 75e – 09	– 9. 936453	– 9. 049620	– 9. 580644
4	442. 6690	17. 19754	9. 50e – 09	– 9. 967136	– 8. 814253	– 9. 504584
5	453. 2405	16. 96666	9. 20e – 09 *	– 10. 00594 *	– 8. 587006	– 9. 436645
6	458. 9793	8. 785269	1. 01e – 08	– 9. 925415	– 8. 240432	– 9. 249378
7	464. 5115	8. 059252	1. 12e – 08	– 9. 839790	– 7. 888758	– 9. 057010
8	477. 9627	18. 59921 *	1. 02e – 08	– 9. 949697	– 7. 732614	– 9. 060174

注：＊表示根据不同的准则选取的最优滞后阶数，其中根据 SC 和 HQ 准则选取的最优滞后阶数都为 2 阶，因此综合考虑后本书选取 2 阶。

构造滞后阶数为二（$k=2$）的 VAR 模型如下所示：

$$EMP_t = \gamma_{11}^1 EMP_{t-1} + \gamma_{11}^2 EMP_{t-2} + \gamma_{12}^1 Expect_{t-1} + \gamma_{12}^2 Expect_{t-2} +$$
$$\gamma_{13}^1 d(\ln HKRMB)_{t-1} + \gamma_{13}^2 d(\ln HKRMB)_{t-2} + \varepsilon_{1t} \qquad (6.1)$$

$$Expect_t = \gamma_{11}^1 EMP_{t-1} + \gamma_{11}^2 EMP_{t-2} + \gamma_{12}^1 Expect_{t-1} + \gamma_{12}^2 Expect_{t-2} +$$
$$\gamma_{13}^1 d(\ln HKRMB)_{t-1} + \gamma_{13}^2 d(\ln HKRMB)_{t-2} + \varepsilon_{2t} \qquad (6.2)$$

$$d(\ln HKRMB)_t = \gamma_{11}^1 EMP_{t-1} + \gamma_{11}^2 EMP_{t-2} + \gamma_{12}^1 Expect_{t-1} + \gamma_{12}^2 Expect_{t-2} +$$
$$\gamma_{13}^1 d(\ln HKRMB)_{t-1} + \gamma_{13}^2 d(\ln HKRMB)_{t-2} + \varepsilon_{3t} \qquad (6.3)$$

二、格兰杰因果关系检验

为确定模型中人民币外汇市场压力、人民币国际化增速以及人民币汇率预期三个变量是否真正存在作用时间上的先后关系，需要进行格兰杰因果关系检验。由于三个变量均为平稳序列，因此可直接进行格兰杰因果关系检验。检验结果如表6-6所示。

表 6 - 6 格兰杰因果关系检验结果

	原假设	P 值
EMP(外汇市场压力)方程	*Expect* 不能 Granger 引起 *EMP*	0.0007
	d(ln*HKRMB*) 不能 Granger 引起 *EMP*	0.0001
	Expect、d(ln*HKRMB*) 不能同时 Granger 引起 *EMP*	0.0000
Expect(人民币汇率预期)方程	*EMP* 不能 Granger 引起 *Expect*	0.2758
	d(ln*HKRMB*) 不能 Granger 引起 *Expect*	0.0014
	EMP、d(ln*HKRMB*) 不能同时 Granger 引起 *Expect*	0.0062
d(ln*HKRMB*) 方程	*EMP* 不能 Granger 引起 d(ln*HKRMB*)	0.0030
	Expect 不能 Granger 引起 d(ln*HKRMB*)	0.0777
	EMP、*Expect* 不能同时 Granger 引起 d(ln*HKRMB*)	0.0003

从表 6 - 6 的结果中可以看出，在 10% 的显著性水平上，"*Expect* 不能 Granger 引起 *EMP*" 的原假设被拒绝，而 "*EMP* 不能 Granger 引起 Expect" 的原假设被接受，因此可以认为汇率预期对外汇市场压力的变化具有较好的解释力度。同样，在 10% 的显著性水平上，"d(ln*HKRMB*) 不能 Granger 引起 *EMP*" 的原假设被拒绝，"*EMP* 不能 Granger 引起 d(ln*HKRMB*)" 也被拒绝，从而说明人民币国际化增速和人民币外汇市场压力具有互相解释的关系。在 10% 的显著性水平上，"d(ln*HKRMB*) 不能 Granger 引起 Expect" 的原假设被拒绝，"*Expect* 不能 Granger 引起 d(ln*HKRMB*)" 的原假设也被拒绝，从而说明人民币国际化增速和汇率预期也具有相互解释的关系。

模型建立后进一步做稳定性分析——AR 根的图形分析（见图 6 - 2），如果被估计的 VAR 模型所有根模倒数小于 1，即位于单位圆内，则说明该滞后二阶的 VAR 模型稳定。

如图 6 - 2 所示，由于所有根模倒数都在单位圆内，因此，可以认为所构造的 VAR 模型是稳定的。

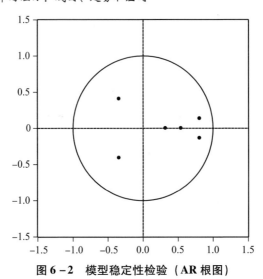

图 6 - 2　模型稳定性检验（AR 根图）

三、脉冲响应函数

由于 VAR 模型是一种非理论性的模型，它无须对变量作任何先验性约束，因此在分析该模型时，往往不分析一个变量的变化对另一个变量的影响如何，而是分析当一个误差项发生变化，或者说模型受到某种冲击时怎样将影响传递到各变量上，这种分析被称为脉冲响应。

（一）人民币国际化增速和汇率预期对外汇市场压力的影响

通过给人民币国际化增速一个标准差的冲击得到的 *EMP* 的脉冲响应如图 6 - 3 所示，图中，横轴代表响应函数的追踪期数，以月为单位；纵轴代表因变量的响应程度。实线为给定外生冲击下，变量脉冲响应函数随时间的变化路径，虚线为脉冲响应函数的正负（ + 、 - ）两个标准偏离带。

由图 6 - 3 可以发现，尽管人民币国际化加速初期会减小人民币升值压力，但后期这一趋势减弱，可能会给人民币带来升值压力。这一结果说明，人民币要成为国际货币，则从长期来看应是强势货币，所以人民币国际化进展顺利将最终促使人民币向升值方向发展。

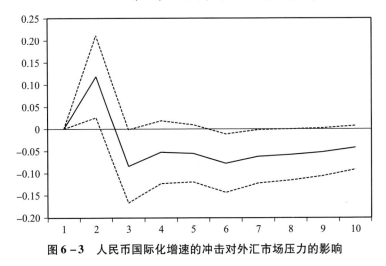

图 6 - 3　人民币国际化增速的冲击对外汇市场压力的影响

给人民币升值预期一个标准差的冲击得到的 *EMP* 的脉冲响应如图 6 - 4 所示，我们可以观察到，预期人民币升值将在短期内显著引起人民币升值压力增加（*EMP* 的数值减小说明人民币升值压力增加），且其影响在第 2 个月左右达到最大。

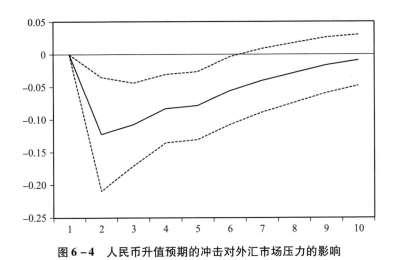

图 6 - 4　人民币升值预期的冲击对外汇市场压力的影响

（二）汇率预期对人民币国际化增速的影响

图 6 - 5 描述了给人民币升值预期一个标准差的冲击对人民币国际化

增速的影响。我们可以发现，人民币升值预期会显著影响人民币国际化的增速，如果国际上对人民币保持升值预期，那么会增加人民币的需求量，从而有利于人民币国际化的提速。人民币升值预期对人民币国际化增速的影响在冲击 3 个月左右达到最大，随后影响逐渐减弱，甚至可能变为负向影响。这说明，市场参与者对人民币强势走势的预期在短期内有利于人民币国际化的推进，但是，如果升值预期不可持续，或仅仅依赖对人民币升值的预期，并不能真正促进人民币国际化的最终实现。因此，一方面应当通过进行经济、金融市场化改革、发展国内经济、进行经济结构转型等维持国际市场对人民币的信心；另一方面也要在更高水平、更全面地开放的国际环境下发展国际贸易和投融资，增加人民币的使用，增强中国的话语权，配合人民币国际化的其他措施，以最终促进人民币国际化的顺利实现。

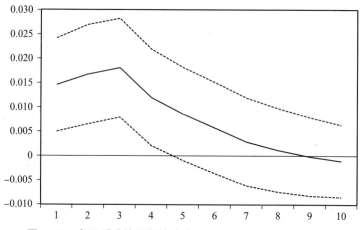

图 6-5　人民币升值预期的冲击对人民币国际化增速的影响

　　综合本节（一）和（二）的分析结果可知，首先，人民币国际化加速会增加人民币升值压力，促进人民币升值，并最终成为强势货币；反之，人民币国际化速度的放缓则会给人民币带来贬值压力。因此从长远来看，如果人民币国际化推进顺利，那么人民币币值将会提高。其次，尽管短期内人民币升值预期可以推动人民币的国际使用、提高人民币国际化的增速，但是从长期来看，并不能仅仅依靠人民币单边升值预期来促进人民币国际化的加速，还要通过市场化改革，如改革汇率体制，完善金融市场，促进经济平衡发展，从根本上增强人民币的吸引力。

四、方差分解

上面通过脉冲响应函数首先刻画了人民币国际化增速以及汇率预期对人民币外汇市场压力的传导效果，进而又分析了人民币汇率预期对人民币国际化增速的传导效果。而下面的方差分解可以通过分析每一个结构冲击对内生变量变化的贡献度，来进一步评价不同结构冲击的相对重要性。图 6 - 6 是人民币外汇市场压力的方差分解，图 6 - 7 则为人民币国际化增速的方差分解。

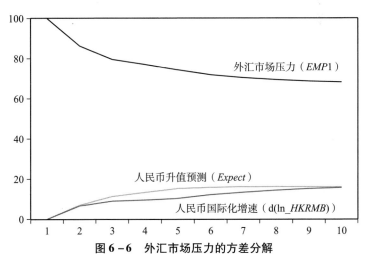

图 6 - 6　外汇市场压力的方差分解

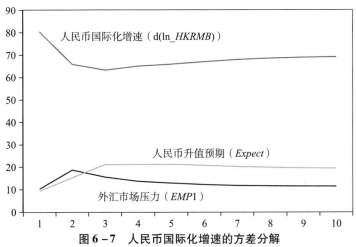

图 6 - 7　人民币国际化增速的方差分解

图 6-6 显示，人民币国际化的加速对人民币升值压力有一定的贡献，在冲击 10 个月后约占 20%，但效果并不明显。汇率预期对人民币升值压力的贡献度也在 20% 左右。

图 6-7 表明，汇率升值预期对人民币国际化增速的贡献度约为 20%，相比之下人民币升值压力的贡献度较低，为 10% 左右。

第五节　货币国际化与外汇市场压力关系的国际比较：以美元和日元为例

根据上面对人民币国际化和人民币外汇市场压力的实证分析可知，人民币国际化的顺利进行将导致人民币在长期升值，成为强势货币，但人民币的持续升值预期并不能保证人民币国际化的实现。本节将通过美元、日元国际化的经验，分析货币国际化与该货币外汇市场压力关系的普遍规律。

一、美元国际化与美元币值变动的互动关系

早在 1872 年，美国经济总量便已超过英国，但由于美国缺乏完善的金融市场，甚至没有中央银行，因此美元始终没有显露国际货币头角，美元汇率也相对较低，升值压力较小。随着美国金融市场而发展，美元的国际地位也开始逐渐提升，第一次世界大战的爆发加速了这一进程：美国对外输出的大规模战争贷款使美国迅速从债务国变为债权国，美国出口也开始超越英国，这都促使美元币值升值压力增加，美元升值。

美元真正超越英镑成为首要国际货币是在第二次世界大战之后，在布雷顿森林体系下，美元可以兑换黄金，成为众多国家的货币锚，1954 年美元超越英镑成为世界国际储备量最大的货币，这进一步奠定了美元首要国际货币的地位。王晓燕等（2012）[118] 的实证分析也验证了这一结论：美元国际化有助于增加美元升值压力，美元国际化一个标准差的冲击从长期来看可以促使美元升值 5.6%。

因此，美元国际化有利于美元币值的强势。但值得注意的是，美元币值的强势并不是美元国际化的主要原因。一国货币要最终成为国际货币是贸易、经济、金融市场的建立、国际货币规则的制定以及发展机遇等多种因素综合作用的结果。

二、日元国际化与日元币值变动的互动关系

与美元国际化相比，日元国际化比较失败。日元国际化进程可分为两个阶段。第一阶段是 20 世纪 80 年代，日元在美国的大力推动下走向国际化，"广场协议"的签订使日元兑美元在 1985～1987 年升值压力急剧增加，日元大幅升值，日元的国际使用率大大提高，至 1991 年，日元在全球外汇储备中的比例达到历史最高峰的 9%（Frankel，2012），但是当时日本政府因担心日元国际需求的增加会损害本国出口竞争力，因此对日元国际化持消极态度。

而进入 20 世纪 90 年代以后，为降低日元汇率风险、促进日本国际金融中心建设，日本政府转变态度开始大力促进日元国际化，实施了一系列金融自由化措施。但是，由于前期日元大幅升值造成国内经济基础恶化、经济衰退，因此日元的国际份额非但没有上升，反而一路走低，日元国际化最终失败，日元汇率也相应下降。

由此可见，虽然日元国际化推动了日元升值压力增加，但是日元持续升值却不一定有利于日元国际化的发展，日元升值过快从长期看严重损害了国内经济，使日元国际化丧失了稳定的经济基础。因此，货币国际化需要经济基础和发达的金融市场做保障，否则难以维系。

美元与日元国际化的经验与教训为上面的实证分析提供了一定的依据，一方面，如果人民币国际化推进顺利，那么人民币币值可能会提高；另一方面，尽管短期内人民币升值预期可以推动人民币的国际使用，但是从长期来看，并不能仅仅依靠人民币单边升值预期来促进人民币国际化的加速，而要通过完善金融市场，促进经济发展，提高我国在国际社会中的话语权等多种途径从根本上增强人民币的吸引力。

本 章 小 结

货币国际化与外汇市场压力之间存在密切的关系，一方面，货币国际化可以通过贸易渠道和资本与金融渠道传导至外汇市场压力，并最终可能引起汇率的实际变动；另一方面，货币的升值预期有可能会影响货币的国际化进程。本章首先分析了人民币国际化对人民币外汇市场压力的传导渠

道，进而通过实证分析检验了人民币国际化、汇率预期与人民币外汇市场压力的关系。实证结果表明：首先，人民币国际化加速会增加人民币升值压力，促进人民币升值，并最终成为强势货币；其次，尽管短期内人民币升值预期可以推动人民币的国际使用、提高人民币国际化的增速，但是从长期来看，并不能仅仅依靠人民币单边升值预期来促进人民币国际化的加速。对美元、日元国际化的经验的分析也进一步验证了这一实证结果的适用性。

第七章

资本账户开放对外汇市场压力的影响

第一节 资本账户开放对人民币外汇市场压力的传导渠道分析

资本账户开放是我国高水平对外开放的内在要求，也是我国长期以来各界十分关注的问题，资本账户开放与否、开放进度如何规划等问题一直是学界争论的热点问题。随着我国经济对外开放程度的不断加深、金融监管及国际合作水平的不断提高以及人民币国际化战略的快速推进，资本账户进一步开放已是大势所趋。研究资本账户开放程度对人民币外汇市场压力的影响，不仅有利于我们加深对高水平开放环境下人民币外汇市场压力变化特点的认识，在开放进程中及时掌控外汇市场压力的动态，防范金融风险，而且有助于政府和货币当局合理规划我国资本账户开放进度和程度，使之与人民币国际化、人民币汇率形成机制改革等相互配合，共同促进我国金融市场的繁荣发展。

从理论上看，资本账户开放对外汇市场压力的影响方向并不确定。一方面，资本账户开放度增加可能会减小本币贬值压力或增加本币升值压力。莱文（Levine，2001）[119]认为，资本账户开放度提高会增加国内外资银行的数量，外资与本地银行相互竞争会促使国内金融部门的效率提高，从而刺激经济增长。阿克拉姆和拜恩（Akram and Byrne，2015）[120]指出，一国资本账户开放度增加后，可能会导致国际资本流入增加，从而提高市场流动性，而流动性的提高会促使产出增加、加速经济增长。克鲁格曼（Krugman，1979）[121]在其第一代货币危机模型中指出，良好的宏观经济基础（如经济增长）能够减小市场下行压力，因此，从这个意义上说，资本账户开放可以减小本币贬值压力或增加本币升值压力。对于我国来说，由于我国利率水平较高，因此除以上原因之外，资本账户开放度的提高也可能会通过吸引国际资本的流入给人民币带来升值压力。另一方面，资本账户开放度增加也可能会增大本币贬值压力或减小本币升值压力，或表述为资本账户管制会减小本币贬值压力或增大本币升值压力（Miniane and Rogers，2004[122]；Erten and Ocampo，2013[123]；Rodrick，2007[124]）。例如，米尼恩和罗杰斯（Miniane and Rogers，2004）对 9 个发展中国家和 17 个发达国家 1971 年 1 月至 1998 年 12 月的实证研究就发现，资本账户开放度提高在短期内增大了本国货币的贬值压力。这是因为资本账户开放后可能会发生大规模的资本进出，从而致使本国货币币值变得不稳定，而这会减小本币的吸引力，从而可能会增大本币贬值压力。而资本账户的开放也使本国货币暴露于国际投机风险当中，当投机资本大规模卖空本国货币时，本币将面临巨大的贬值压力。

当然，也有部分研究发现，资本账户开放度并不能改变外汇市场压力。例如，爱迪生和莱因哈特（Edison and Reinhart，2001）[125]使用日度数据检验了西班牙 1991～1993 年以及巴西、马来西亚、泰国 1995～1999 年资本账户管制对外汇市场压力的影响，检验结果并没有发现显著的影响。

由此可见，我国资本账户开放度的提高对人民币外汇市场压力是否存在影响，如果有影响，那么影响方向如何并不能确定，因此有必要通过实证分析予以检验。

第二节 资本账户开放的度量指标研究

在进行实证分析之前，首先需要确定资本账户开放的度量方法。目前普遍采用的两类度量方法为名义（法定）资本账户开放程度和实际资本账户开放程度，其中实际资本账户开放程度又存在多种度量方法。

一、名义资本账户开放程度

名义资本账户开放程度指标的度量来源于国际货币基金组织（IMF）

的外汇安排与外汇管制年度报告（AREAER），该报告自1950年起开始报告IMF成员经常账户与资本账户的管制措施，通过列表的形式将各项经常账户与资本账户管制措施予以列明，如果成员某一项存在管制，那么则标记为是，否则标记为否。根据该报告，学界将各项管制措施的"是"与"否"转换为1/0二值变量，从而对资本管制（或资本账户开放）程度进行度量。爱泼斯坦和朔尔（Epstein and Schor，1992）[126]最早使用了这一方法，此后，阿莱西那等（Alesina et al.，1993）[127]、克莱因（Klein，2003）[128]、莫迪和阿彼得（Mody and Abiad，2005）[129]、钦和伊藤（Chinn and Ito，2008）[130]等都以此为基础计算了相应账户的开放指数。

图7-1刻画了钦（2012）按照钦和伊藤（2008）方法计算的主要国家2000~2010年资本开放度指数，图上显示，2010年之前中国与印度的资本开放度远远落后于美国和英国，并且中国的名义资本开放度保持不变。

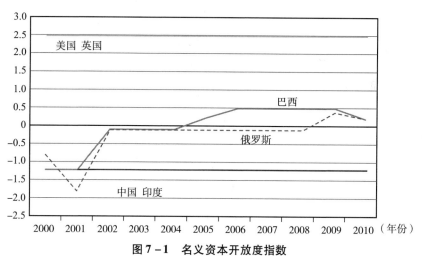

图7-1　名义资本开放度指数

资料来源：按照Chinn（2012）和Ito（2008）方法计算所得。

为观察我国资本账户开放度的最新进展，本书借鉴厄滕和奥坎波（Erten and Ocampo，2013）对资本账户管制程度的计算方法，计算了中国2006~2013年资本账户管制指数，根据外汇安排与外汇管制年度报告（AREAER）对资本流入管制、外汇管制、金融部门管制以及资本流出管制四大类别的管制措施进行了统计，并将每项管制措施标为1，非管制措施标为 0，进行加总计算，计算结果如图 7 - 2 所示。

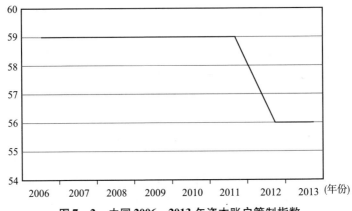

图 7 - 2　中国 2006 ~ 2013 年资本账户管制指数

资料来源：根据 AREAER 计算、绘制所得。

比较图 7 - 1 和图 7 - 2 可以看出，尽管因计算方法和计算类别的差异致使指标的量纲存在差异，但是两种计算方法中我国资本账户开放程度总体趋势一致，2010 年之前管制较多，自 2011 年开始有所放开。

名义资本账户开放度虽比较准确地衡量了各国法定的资本管制政策，但是在具体应用中存在以下弊端。第一，国际货币基金组织的统计数据为年末的时点数据，不能反映资本账户开放度变化的动态特征，难以用于以季度、月度为单位的数据分析；第二，国际货币基金组织并没有给出相关政策在"管制"与"放开"之间的具体转换时点，因此数据并不准确；第三，各国虽然在某些名义资本账户上实施了管制措施，但是资本仍可以通过其他间接渠道突破管制，形成实际中的"非管制"情形，因此以名义资本账户开放度衡量经济运行情况可能有失偏颇。鉴于此，接下来本书将对实际资本账户开放程度的度量进行详细阐述。

二、实际资本账户开放程度

如上面所述，各国虽然在某些名义资本账户上实施了管制措施，但是资本仍可以通过其他间接渠道突破管制，形成实际中的"非管制"情形，因此实际资本账户开放程度与名义资本账户开放程度并不一致。严佳佳等（2014）指出，在资本账户管制未完全放开的背景下，虽然离岸汇率与在岸汇率之间的传导存在一定的障碍，但是经常账户下的套汇往往使得两种汇率的实际联系非常密切，在这种情形下，实际资本账户开放程度大于名义资本账户开放度。

根据国际货币基金组织的定义，资本项下 43 个科目中我国实际上只有 3 个主体科目是严格管制的，一是外商投资需要审批，二是中国居民不得对外负债，对外负债需要审批并计入外债管理，三是中国资本市场尤其是二级市场不直接对外资开放。虽然资本账户尚未完全放开，但是我国已有一系列特殊安排以及特殊政策（如港沪通、人民币跨境使用政策等）让这三个主体科目的资本流通成为可能。第一，我国鼓励以人民币形式进行外商对华投资和中国企业对外投资，人民币投资的限制远远小于外汇投资。第二，尽管目前中国居民还不能对外以外币负债，但可以以人民币负债，这主要表现为包括中国企业在海外发行人民币债券、进行跨境人民币贷款等。第三，我国资本市场虽对外资不直接开放，但是对人民币投融资开放。从这些安排可以看出，我国实际资本账户开放程度应高于名义资本账户开放程度，资本账户开放与人民币国际化相辅相成，开放水平不断提高。

实际资本账户开放程度主要有两类度量方法，本书将其总结为"比例法"和"价差法"。

（一）比例法

最常用的方法是以国际资产与负债之和除以 GDP 进行衡量，莱恩和米莱西 – 费雷蒂（Lane and Milesi – Ferretti, 2006, 2007）[131]、科斯等（Kose et al. , 2009）、奎因等（Quinn et al. , 2011）[132]、马和麦考利（Ma and Mccauley, 2014）[133]都使用了这一方法对实际资本账户开放程度进行度量，李巍和张志超（2010）[134]也采用了同样的方法，以国际收支平衡表中包括资本项下的直接投资、证券投资、其他投资在内的跨境资本流入与流出之和占 GDP 的比例来衡量资本账户开放程度。根据该种做法，本书使用 1998 年 1 季度至 2015 年 2 季度的数据计算了我国资本账户开放程度，具体计算方法为：将国际收支平衡表中资本与金融项下的直接投资、证券投资、金融衍生工具投资、其他投资的资产与负债之和除以国民生产总值（GDP），得出资本账户开放指数（见图 7 – 3），纵轴表示实际资本账户开放指数，数值越大说明我国实际资本开放程度越高。图 7 – 3 显示，我国 2005 ~ 2008 年实际资本账户开放程度最高，2008 年金融危机的爆发致使我国资本账户开放水平有所下降，近年来又有波动中上升的趋势。

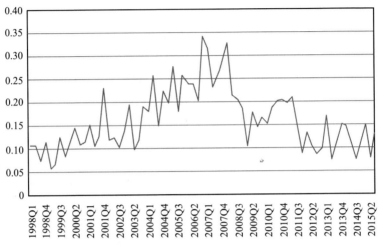

图7-3 我国1998~2015年资本账户开放指数

资料来源：根据国家外汇管理局和CEIC数据库的数据计算、绘制所得。

（二）价差法

除比例法之外，还有不少研究使用离岸与在岸汇率之差来衡量实际资本账户开放程度，这种方法的思想是：在资本账户管制未完全放开的背景下，尽管离岸汇率与在岸汇率之间的传导存在一定的障碍，但是经常账户下的套汇等活动往往使得两种汇率的走势非常接近，在岸与离岸即期汇率之差越小，说明实际资本账户开放程度越高。奎因和雅各布森（Quinn and Jacobson，1989)[135]、杜利等（Dooley et al.，1997)[136]、利维伊亚蒂等（Levy Yeyati et al.，2009)[137]、沃雷和陈（Whalley and Chen，2013)[138]、姚和沃雷（Yao and Whalley，2015)[139]都使用了这一方法衡量资本账户开放程度。图7-4刻画了2011年3月31日至2015年12月31日人民币在岸即期汇率与中国香港地区离岸人民币汇率（CNH）之差，从图中可以看出人民币在岸与离岸汇差近五年来始终在零附近上下波动，尽管中间出现了几次较大的偏离，但这种偏离都会迅速恢复，从而说明我国近年来实际资本账户开放程度较高。

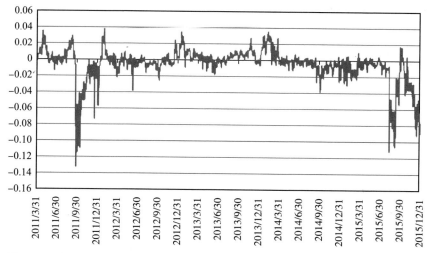

图7-4 人民币在岸即期汇率与中国香港地区离岸人民币汇率（CNH）之差走势

资料来源：根据 Bloomberg 数据库数据计算所得。

与传统的使用即期汇率之差来度量资本账户开放程度不同，也有学者使用在岸与离岸的远期汇差进行衡量。例如，马和麦考利（2014）将在岸与离岸远期汇差定义如下：

远期汇差 =（在岸远期汇率 - NDF）/在岸即期汇率，其中 NDF 为无本金交割远期外汇[①]，所有的汇率都为直接标价法。图7-5为2006年6月30日至2015年12月31日1年期人民币远期汇差的走势，NDF 使用香港离岸市场数据，汇差计算所需数据全部来源于 Bloomberg 数据库。由图7-5可以看出，该种计算方法得到的资本账户开放趋势与比例法计算的结果比较一致。并且，近年来远期汇差数据多为正数，这说明在岸汇率低于离岸汇率。自2015年下半年开始，远期汇差变为负数，这说明在岸汇率高于离岸汇率。

实际资本账户开放程度除了以汇差度量之外，还可以用在岸与离岸短期利率收益率之差衡量（Ma and Mccauley, 2014），其中离岸利率收益率 i 可根据利率平价公式计算得出：$NDF_t = S_t(1 + i_t)/(1 + r_t^\$)$，$i_t$ 为人民币的离岸利率，$r_t^\$$ 为美元 libor 利率，S_t 为人民币兑美元即期汇率，NDF 为人民币兑美元远期汇率，根据利率平价公式，可以推出人民币离岸利率的计算公式如下：

---

① 新加坡和中国香港人民币 NDF 市场是亚洲最主要的离岸人民币远期交易市场。

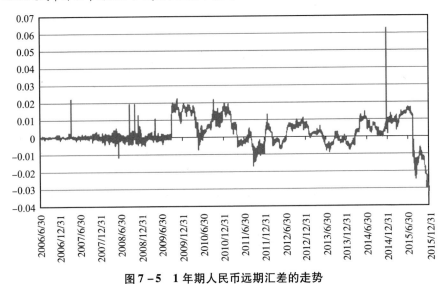

图7-5 1年期人民币远期汇差的走势

资料来源：根据 Bloombery 数据库数据计算所得。

$$i_t = NDF_t * (1 + r_t^\$) / S_t - 1$$

从而在岸与离岸短期利率收益率之差为（$r_t - i_t$）。利差越接近0，说明资本账户实际开放程度越高。图7-6为2006年10月30日至2015年12月31日1年期人民币在岸与离岸利差走势。从图中可以看出，2008年全球危机之前利差较小，金融危机的爆发致使利差迅速扩大，近年来又有缩小的趋势，从而说明我国资本账户实际开放程度近10年来经历了提高—下降—回升的过程，这一结果与前述几种方法度量的结果相一致。

总的来看，以上几种计算方法得出的结论比较相似。使用在岸与离岸价差来衡量实际资本账户开放程度的优点在于，可以直接利用已有数据进行计算，简单直接，可较为容易地观察资本账户开放趋势，但缺点在于只从某一价格之差判断整体资本账户开放度，未免有失偏颇。而以国际资产与负债之和除以 GDP 来衡量实际资本账户开放程度更加符合对资本账户开放的一般性理解，因此这一方法得到更为普遍的接受。本书在后面的实证中将以国际资产与负债之和除以 GDP 来衡量实际资本账户开放程度。

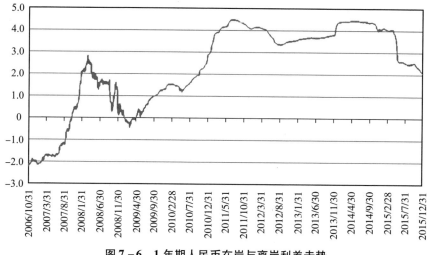

图7-6 1年期人民币在岸与离岸利差走势

资料来源：根据 Bloombery 数据库数据计算所得。

第三节 资本账户开放对人民币外汇市场压力的影响

根据上一节对实际资本账户开放程度度量指标的研究，我们可以发现，其实不仅资本账户开放程度会影响外汇市场压力，而且外汇市场压力的变化也可能反过来影响资本账户的实际开放程度。这是因为，外汇市场压力的变化可以影响其他宏观基本面因素，并影响市场参与者的预期，而这会对市场参与者的国际投融资及套汇买卖活动产生影响，从而对实际资本账户开放程度产生作用。因此，为全面、深入分析资本账户开放与人民币外汇市场压力的关系，我们借鉴潘迪（2015）对外汇市场压力的分析方法，同时使用最小二乘法和向量自回归模型进行实证分析，以使分析结果更为稳健。

一、资本账户开放对人民币外汇市场压力影响的单期分析

（一）实证设计

1. 模型构建

根据前面对人民币外汇市场压力影响因素的理论分析，经济增长、国

际收支、通货膨胀等宏观经济因素是影响外汇市场压力的基础性因素，参考厄滕和奥坎波（2013）、阿克拉姆和拜恩（2015）对资本管制与外汇市场压力关系的研究，本书构建实证模型如下：

$$EMP1_t = \alpha + \beta_1 CAR_t + \beta_2 CPI_t + \beta_3 Trade_t + \beta_4 d(Industry)_t + \varepsilon_t \quad (7.1)$$

$$EMP2_t = \alpha + \beta_1 CAR_t + \beta_2 CPI_t + \beta_3 Trade_t + \beta_4 d(Industry)_t + \varepsilon_t \quad (7.2)$$

与第六章对人民币国际化与外汇市场压力的研究一致，本书直接构建外汇市场压力指标作为研究的因变量进行实证分析。

其中，$EMP1$ 表示不含利差项的人民币的外汇市场压力。同时，为检验实证结果的稳健性，本书同时使用 $EMP2$，即包含利差项的人民币外汇市场压力指数进行对比性分析，指标的具体计算见第五章。

CAR 表示资本账户开放程度指数，采用本章第二节介绍的比例法进行计算，即将国际收支平衡表中资本与金融项下的直接投资、证券投资、金融衍生工具投资、其他投资的资产与负债之和除以国民生产总值（GDP），得出资本账户开放指数。

CPI 为国内通货膨胀率，$Trade$ 表示贸易顺差额（即出口额与进口额之差），d($Industry$) 表示工业增加值的增长量，作为经济增长的代表变量。

根据本章第二节对远期汇差的分析，由于人民币外汇远期市场在岸汇率低于离岸汇率，因此可以预期资本账户开放度提高后存在净私人资本流入压力，从而给人民币带来升值压力。因此，本书提出如下假设：

假设 7 - 1：资本账户开放会增大人民币升值压力。

2. 数据说明

考虑到 2008 年金融危机对全球金融市场带来了巨大冲击，引起人民币外汇市场压力的走势形态发生结构性变化（参见第六章第二节趋势突变检验），加之资本账户开放度在 2008 年金融危机后也发生了明显变化，同时，为保证所有数据的可得性，本书统一采用 2008 年 1 月～2015 年 6 月的月度数据进行实证，以得出在当前稳定的环境下，资本账户开放度对人民币外汇市场压力的影响。

相关变量的数据来源如下：

外汇市场压力（$EMP1$，$EMP2$）的指标为作者计算所得，详见第五章。资本账户开放度（CAR）的计算的数据来源于国家外汇管理局以及 CEIC 数据库，由于 CAR 计算所用数据为季度数据，因此首先采用 X12 季节调整法对 CAR 进行季节调整，以剔除季节影响，进而使用 EViews8.0 中的 Constant match average 方法将季度数据转化为月度数据。$Trade$、CPI 以及工业增加值（*Industry*）的数据来源及计算方法在第六章中已详细介绍，此处不做赘述。

（二）平稳性检验

在做回归方程之前，为避免时间序列不平稳带来的方程伪回归问题，首先对各时间序列变量做 ADF 单位根检验，检验结果如表 7 - 1 所示，在样本区间内，所选变量均为平稳序列。

表 7 - 1　　　　　　　　ADF 单位根检验结果

变量	ADF 统计值	1% 临界值	5% 临界值	10% 临界值	P 值	结果
*EMP*1	- 3.6606	- 3.5074	- 2.8951	- 2.5847	0.0064	平稳
*EMP*2	- 4.0682	- 3.5074	- 2.8951	- 2.5847	0.0018	平稳
CAR	- 3.6149	- 3.5056	- 2.8943	- 2.5843	0.0073	平稳
CPI	- 3.9330	- 3.5083	- 2.8955	- 2.5850	0.0028	平稳
Trade	- 5.0942	- 3.5056	- 2.8943	- 2.5843	0.0000	平稳
d(*Industry*)	- 8.3967	- 3.5083	- 2.8955	- 2.5850	0.0000	平稳

（三）实证结果分析

表 7 - 2 报告了假设 7 - 1 的 OLS 检验结果，因变量同时使用 *EMP*1 与 *EMP*2 进行回归，其中 *EMP*2 用于检验 *EMP*1 回归结果的稳健性。从表 7 - 2 中可以看出，无论使用哪种外汇市场压力指标，*CAR* 的系数都显著为负，从而说明资本账户开放程度提高确实会给人民币带来升值压力，这一检验结果是稳健的，检验结论与本书假设 7 - 1 的预期相符。

表 7 - 2　　　　资本账户开放对人民币外汇市场压力的回归结果

项目	*EMP*1	*EMP*2（稳健性检验）
Constant	5.4202 ** (2.1490)	- 1.1865 (- 0.3791)
CAR	- 5.8992 *** (- 5.0282)	- 10.5439 *** (- 7.2418)
CPI	- 0.0485 * (- 1.9176)	0.0283 (0.9026)

续表

项目	EMP1	EMP2（稳健性检验）
Trade	2.34 （0.7366）	2.33 （0.5906）
d(*Industry*)	−0.0153 （−0.9259）	−0.0004 （−0.2001）
R^2	0.4181	0.4592
Prob（*F − statistic*）	0.0000	0.0000

注：＊表示10%以下显著，＊＊表示5%以下显著，＊＊＊表示1%以下显著；括号内为 *t* 值。

二、资本账户开放对人民币外汇市场压力影响的动态分析

（一）实证研究设计

1. 基本模型构建与样本数据说明

根据上面的分析，一方面，资本账户开放程度会通过影响经济增长等宏观基本面影响外汇市场压力；另一方面，外汇市场压力的变化也会影响宏观基本面（如通货膨胀程度、贸易顺差等）以及市场参与者的预期，从而对市场参与者的国际投融资及套汇买卖活动产生影响，进而影响到实际资本账户开放程度，因此，资本账户开放程度与人民币外汇市场压力之间可能存在相互影响的内生性关系。具体表示如图7-7所示。

图7-7　资本账户开放程度与人民币外汇市场压力间的相互影响

因此，在使用最小二乘法进行简单关系检验之后，本节采用向量自回归（VAR）的方法对二者关系做出进一步检验。

根据 OLS 估计的结果，将 *CPI*、*Trade* 作为重要的宏观基本面变量纳入 VAR 模型中，由于通货膨胀与贸易顺差本身即存在相互影响的关系，因此将二者纳入模型中具有合理性。由于 d(*Industry*) 的 *t* 值非常小，结果非常不显著，因此在构建 VAR 模型中将其剔除。从而 VAR 模型构建如下：

$$EMP_t = \sum_{i=1}^{k} \gamma_{11}^i EMP_{t-i} + \sum_{i=1}^{k} \gamma_{12}^i CAR_{t-i} + \sum_{i=1}^{k} \gamma_{13}^i CPI_{t-i} +$$

$$\sum_{i=1}^{k} \gamma_{14}^i Trade_{t-i} + \varepsilon_{1t} \qquad (7.3)$$

$$CAR_t = \sum_{i=1}^{k} \gamma_{21}^i EMP_{t-i} + \sum_{i=1}^{k} \gamma_{22}^i CAR_{t-i} + \sum_{i=1}^{k} \gamma_{23}^i CPI_{t-i} +$$

$$\sum_{i=1}^{k} \gamma_{24}^i Trade_{t-i} + \varepsilon_{2t} \qquad (7.4)$$

$$CPI_t = \sum_{i=1}^{k} \gamma_{31}^i EMP_{t-i} + \sum_{i=1}^{k} \gamma_{32}^i CAR_{t-i} + \sum_{i=1}^{k} \gamma_{33}^i CPI_{t-i} +$$

$$\sum_{i=1}^{k} \gamma_{34}^i Trade_{t-i} + \varepsilon_{3t} \qquad (7.5)$$

$$Trade_t = \sum_{i=1}^{k} \gamma_{41}^i EMP_{t-i} + \sum_{i=1}^{k} \gamma_{42}^i CAR_{t-i} + \sum_{i=1}^{k} \gamma_{43}^i CPI_{t-i} +$$

$$\sum_{i=1}^{k} \gamma_{44}^i Trade_{t-i} + \varepsilon_{4t} \qquad (7.6)$$

其中，EMP 采用不含利差项的外汇市场压力，γ 是待估系数，t 表示时间，k 表示最大滞后期数，ε 是随机扰动项。与上面实证分析一致，此处的样本数据同样使用 2008 年 1 月至 2015 年 6 月的月度数据。根据前面的平稳性检验，所有变量均为平稳序列，可以构造 VAR 模型。

2. 滞后阶数选择

根据表 7－3 可以看出，FPE、AIC、SC、HQ 准则判定的最优滞后阶数都为 1，因此最优滞后阶数选为 1，即 $k=1$。

表 7－3   最优滞后阶数选择表

Lag	logL	LR	FPE	AIC	SC	HQ
0	－975.4574	NA	278647.5	23.88921	24.00661	23.93634
1	－803.3991	323.1339	6198.134 *	20.08291 *	20.66991 *	20.31858 *
2	－791.1222	21.85889	6807.336	20.17371	21.23032	20.59793
3	－779.5191	19.52725	7632.981	20.28095	21.80717	20.89370
4	－758.8989	32.69047	6912.954	20.16827	22.16408	20.96956
5	－740.4503	27.44804 *	6658.667	20.10854	22.57396	21.09837
6	－723.7368	23.23578	6766.363	20.09114	23.02616	21.26951

续表

Lag	logL	LR	FPE	AIC	SC	HQ
7	−709. 1521	18. 85335	7345. 465	20. 12566	23. 53029	21. 49257
8	−691. 7392	20. 81061	7575. 133	20. 09120	23. 96543	21. 64664

注：＊表示根据不同的准则选取的最优滞后阶数。

（二）格兰杰因果关系检验

为确定模型中各个变量是否真正存在作用时间上的先后关系，需要进行格兰杰因果关系检验。由于三个变量均为平稳序列，因此可直接进行格兰杰因果关系检验。检验结果如表 7 − 4 所示。

表 7 − 4　　　　　　　　　　格兰杰因果关系检验结果

项目	原假设	P 值
EMP（外汇市场压力）方程	CAR 不能 Granger 引起 EMP	0. 0001
	CPI 不能 Granger 引起 EMP	0. 5687
	Trade 不能 Granger 引起 EMP	0. 1996
	CAR、CPI、Trade 不能同时 Granger 引起 EMP	0. 0000
CAR（资本账户开放度）方程	EMP 不能 Granger 引起 CAR	0. 0458
	CPI 不能 Granger 引起 CAR	0. 5537
	Trade 不能 Granger 引起 CAR	0. 9693
	EMP、CPI、Trade 不能同时 Granger 引起 CAR	0. 2563
CPI 方程	EMP 不能 Granger 引起 CPI	0. 0293
	CAR 不能 Granger 引起 CPI	0. 3208
	Trade 不能 Granger 引起 CPI	0. 0471
	EMP、CAR、Trade 不能同时 Granger 引起 CPI	0. 0004
Trade 方程	EMP 不能 Granger 引起 Trade	0. 3674
	CAR 不能 Granger 引起 Trade	0. 7401
	CPI 不能 Granger 引起 Trade	0. 9701
	EMP、CAR、CPI 不能同时 Granger 引起 Trade	0. 5030

从表 7 − 4 的结果中可以看出，在 10% 的显著性水平上，"CAR 不能

Granger 引起 *EMP*" 的原假设被拒绝，"*EMP* 不能 Granger 引起 *CAR*" 也被拒绝，从而说明资本账户开放程度和人民币外汇市场压力具有互相解释的关系。同样，在 10% 的显著性水平上，"*CPI* 不能 Granger 引起 *EMP*" 的原假设被接受，而 "*EMP* 不能 Granger 引起 *CPI*" 的原假设被拒绝，因此可以认为外汇市场压力对通货膨胀率的变化具有较好的解释力度。在 10% 的显著性水平上，"*Trade* 不能 Granger 引起 *CPI*" 的原假设被拒绝，而 "*CPI* 不能 Granger 引起 *Trade*" 的原假设被接受，从而说明贸易顺差对我国通货膨胀具有较好的解释力度。

模型建立后进一步做稳定性分析——AR 根的图表分析（见图 7－8），如果被估计的 VAR 模型所有根模倒数小于 1，即位于单位圆内，则说明该滞后一阶的 VAR 模型稳定。

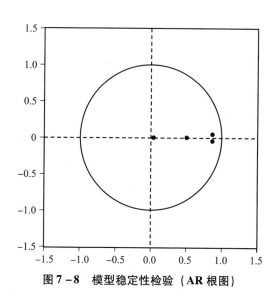

图 7－8　模型稳定性检验（AR 根图）

如图 7－8 所示，由于所有根模倒数都在单位圆内，因此，可以认为所构造的 VAR 模型是稳定的。

（三）脉冲响应函数

1. 资本账户开放度对外汇市场压力的影响

外汇市场压力（*EMP*1）对资本账户开放度（*CAR*）一个标准差冲击的脉冲响应如图 7－9 所示，横轴代表响应函数的追踪期数，以月为单位；

纵轴代表因变量的响应程度。实线为给定外生冲击下，变量脉冲响应函数随时间的变化路径，虚线为脉冲响应函数的正负（＋、－）两个标准偏离带。

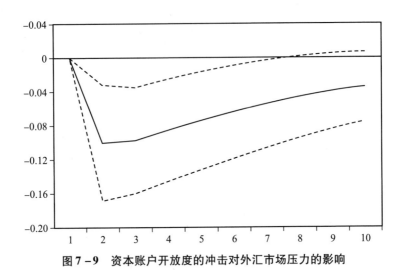

图 7 - 9   资本账户开放度的冲击对外汇市场压力的影响

由图 7 - 9 可以看出，资本账户实际开放程度的提高会在短期内增加人民币升值压力，这一影响在两个月左右达到最大，随后影响逐渐消减。这一结果说明，在我国经济情况向好、国内利率相对较高的环境下，提高资本账户开放程度会导致国外资金的流入大于流出，从而给人民币带来短期升值压力。

2. 外汇市场压力对实际资本账户开放度的影响

给人民币外汇市场压力一个标准差的冲击得到的资本账户开放度（CAR）的脉冲响应如图 7 - 10 所示，当人民币升值压力减弱时，实际资本账户开放程度也减弱了，这说明人民币币值的坚挺能够维持国际投资者对人民币及中国经济的信心，从而增加我国的国际资本交易数额，提高了我国实际资本账户开放程度。

（四）方差分解

上面通过脉冲响应函数首先刻画了资本账户开放程度对人民币外汇市场压力的传导效果，进而又分析了人民币外汇市场压力对实际资本账户开放度的传导效果。而下面的方差分解可以通过分析每一个结构冲击对内生变量变化的贡献度来进一步评价不同结构冲击的相对重要性。图 7 – 11 是人民币外汇市场压力的方差分解。

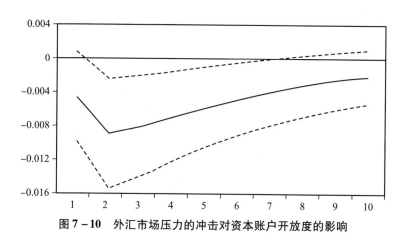

图 7 – 10　外汇市场压力的冲击对资本账户开放度的影响

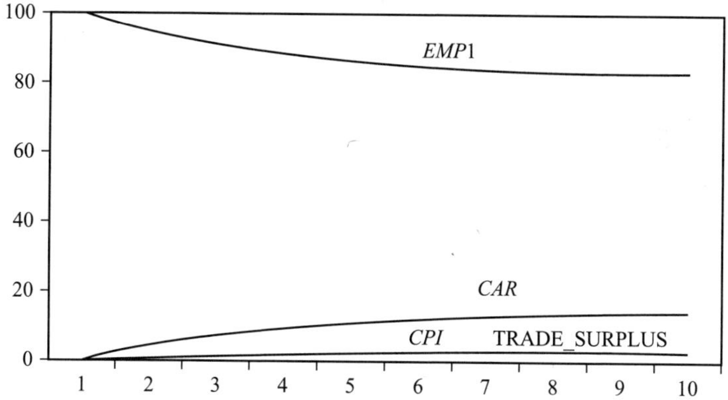

图 7 – 11　外汇市场压力的方差分解

图 7 – 11 显示，资本账户开放度确实对人民币升值压力存在影响，其贡献度在冲击 10 个月后占 20% 左右。

本 章 小 结

随着我国经济对外开放程度的不断提高，人民币国际化战略的快速推进、资本账户开放已是大势所趋。从理论上看，资本账户开放对外汇市场压力的影响方向并不确定，一方面，资本账户开放度增加可能会提高国内金融部门效率、刺激经济增长、吸引外资流入，从而给本币带来升值压力；另一方面，资本账户开放后可能会发生大规模的资本进出，从而致使本国货币币值变得不稳定，而这会减小本币的吸引力，从而可能会增大本币贬值压力。因此，本章通过实证分析，对我国资本账户开放与人民币外汇市场压力的关系进行了检验。本章首先讨论了资本账户开放度的多种度量指标，其中包括名义资本账户开放程度与实际资本开放程度，进而实证分析了资本账户开放对人民币升值压力的传导。由于资本账户开放程度与外汇市场压力可能存在双向影响关系，因此本书从动态视角使用向量自回归模型对此作了进一步检验。检验结果表明，资本账户实际开放程度的提高会在短期内增加人民币升值压力，从而说明，在我国经济情况向好、国内利率相对较高的环境下，提高资本账户开放程度会导致国外资金的流入大于流出，从而给人民币带来短期升值压力。同时，当前人民币币值的坚挺能够维持国际投资者对人民币及中国经济的信心，从而增加我国的国际资本交易数额，也反过来提高了我国实际资本账户的开放程度。

第四部分 高水平对外开放下人民币外汇市场压力的干预与应对

第八章

央行外汇市场干预的目标、政策与传导机制

第一节　动态视角下央行干预外汇市场的目标

一、中央银行干预外汇市场目标概述

为弥补市场失灵、维护市场有序发展，当前各国无论实行的是哪一种汇率制度，其中央银行都会进行或多或少的外汇市场干预。要分析央行干预外汇市场的政策选择，首先需要明确央行干预所需达到的目标，央行外汇干预的目标是调整央行外汇市场干预行为的基础，只有干预目标正确，央行干预的行为才会更为合理。事实上，不同国家的央行在不同时期、不同市场环境下的目标可能不尽相同，汇率制度的变革也会导致央行的目标发生变化，从而影响到央行具体的干预政策。

（一）央行的干预动机、直接目标与最终目标

已有的文献对央行干预目标的划分多种多样，但难以形成一个有章可循的体系。本书在总结央行干预目标文献的基础上，将央行干预的目标系统地划分为干预动机、干预的直接目标以及干预的最终目标。干预动机可理解为央行干预外汇市场最直接的原因，干预的直接目标通常指央行希望汇率形态或外汇达到怎样的状态，而干预的最终目标则指央行进行外汇干预希望达到的最终愿景，一般来说，央行干预的最终目标并不局限在汇率或外汇层面，而是与经济发展密切相关。

1. 干预动机

央行的干预动机多种多样，它们通常是基于当前的现实情况而产生的干预需求，主要包括：第一，抑制投机。例如，当本国货币面临投资资本的冲击时，央行为维持本国货币的稳定，便会有动机进行外汇市场干预操作。第二，调节资本流动，特别是防止资本流入或流出的剧烈波动。第三，提高出口竞争力。例如，对于出口导向型国家，如果本国出口不振，则央行可能利用外汇干预手段降低本国汇率，刺激出口。第四，积累外汇储备。这一动机主要适用于外汇储备较少、亟须积累外汇储备的国家。第五，进行政策搭配的需要。在进行政策搭配时，央行的外汇干预作为货币政策的一项重要工具，可与其他货币政策搭配调控宏观经济。例如，当利率水平极低甚至为负时，为进一步刺激经济发展，再降低利率已不可行，此时中央银行可以通过调节汇率实现目标；此外，中央银行的汇率政策也可与财政政策进行搭配，以实现特定的经济目标。第六，平滑物价波动带来的影响。例如，如果一国面临成本推动型通货膨胀，厂商进口原材料价格高居不下，导致国内产成品价格上涨，此时货币当局可以通过提高本国汇率、降低相对进口成本来缓解这一不利影响。第七，维持货币和金融稳定。对于固定汇率制度国家，央行干预的目标是维持汇率的盯住，而对于浮动汇率制度国家，央行则重点关注汇率超过哪一点会带来货币和金融风险。

2. 直接目标

直接目标是指央行希望汇率或外汇形态达到一种怎样的状态，可分为限制汇率波动、干预汇率水平值以及为外汇市场提供流动性三大类。

限制汇率波动按具体情况可分为平滑汇率和限制汇率波动区间。平滑汇率是指通过干预操作使汇率的走势相对平滑，不出现大起大落；而限制汇率波动区间则对汇率波动的上下限做出了规定。二者的区别在于，平滑的汇率形态中相邻的汇率值比较接近，汇率变化可能呈现趋势性，而不是在某个区间内上下波动；而对于限制汇率波动区间来说，区间内汇率的走势可能并不平滑。

干预汇率水平值通常指使汇率尽可能接近目标汇率或均衡汇率。按照中央银行干预汇率水平值的方式，具体又分为改变汇率目前的发展方向、加速或减缓汇率当前的发展趋势两大类。

为外汇市场提供流动性也是部分中央银行干预外汇市场的直接目标。这一目标通常出现在外汇市场不成熟、交易不活跃、市场深度不足的国家，中央银行为弥补市场失灵，以向外汇市场注入流动性为直接干预目标，进行外汇干预操作。

　　表 8 - 1 是 2013 年国际清算银行（BIS）和世界银行对 23 个国家和地区的中央银行外汇市场干预的动机和目标进行调查的结果，表中的百分比表示符合某一描述的国家和地区的占比。根据调查结果，我们可以发现，近年来抑制投机是多数国家进行外汇市场干预的首要动力，且这一动力因素的作用有加强的趋势，2012～2013 年，有 80% 的国家认为抑制过度投机是外汇市场干预比较重要或非常重要的动机；此外，维持货币稳定也是 65% 的国家干预外汇市场比较重要的动机。在外汇干预直接目标方面，限制汇率波动与减轻资本流动带来的外汇市场压力这两个因素是多数中央银行干预外汇市场的直接目标，并且与 2005 年相比，2013 年有更多的国家和地区将这两个因素列为直接目标；在被调查的国家和地区当中，仅有 20% 的国家和地区将干预外汇水平值列为外汇市场干预的直接目标。

表 8 - 1　　　　中央银行外汇市场干预的动机和目标调查情况一览表

干预动机	2005 年			2012～2013 年		
	重要性程度			重要性程度		
	高	中	低	高	中	低
1. 抑制过度投机	42%	21%	0	60%	20%	0
2. 维持货币稳定	36%	11%	11%	55%	10%	10%
3. 抑制资本流动大幅波动	21%	16%	5%	30%	25%	5%
4. 积累外汇储备	36%	0	11%	30%	10%	10%
5. 平滑商品价格波动带来的影响	16%	5%	16%	20%	5%	15%
6. 维持或加强（出口）竞争力	11%	11%	16%	25%	5%	15%
直接目标	2005 年			2012 年		
1. 干预汇率水平值	21%			20%		
2. 平滑汇率	36%			35%		
3. 限制汇率波动	57%			60%		
4. 减轻资本流动带来的外汇市场压力	42%			45%		
5. 为外汇市场提供流动性	10%			20%		

　　注：被调查国家和地区包括阿根廷、巴西、智利、哥伦比亚、捷克、匈牙利、中国香港、中国、韩国、印度、印度尼西亚、马来西亚、墨西哥、新西兰、秘鲁、菲律宾、波兰、新加坡、南非、泰国、土耳其、乌拉圭、委内瑞拉。
　　资料来源：根据 2013 年国际清算银行（BIS）和世界银行（WB）调查数据整理而得。

3. 最终目标

中央银行的最终目标应当与政府的宏观经济目标相一致，即服务于经济增长、物价稳定、充分就业和国际收支平衡，实现经济的内外均衡。然而，这四个宏观经济目标的重要性在不同国家并不相同，一般来说，物价稳定是多数国家进行宏观调控的首要目标，我国也不例外。正如米什金（Frederic S. Mishkin，2009）① 提出的，物价稳定应是中央银行各种行动的第一目标，而后是充分就业、经济增长、金融市场稳定、国际收支平衡。

（二）央行的短期目标与长期目标

按照干预目标的长短期不同，又可以将央行干预目标分为短期目标和长期目标。通常短期目标与直接目标紧密相连，短期目标具有相机抉择性，央行往往根据短期经济发展的实际需要，在综合考虑经济发展水平、对外开放程度、市场化程度、国际关系等基础上，选择适当的短期目标来解决当下最主要的经济冲突。多数央行外汇干预的短期目标都是维护汇率的相对稳定、防范突发风险（詹旭，2014）[140]。而长期目标往往与最终目标趋于一致，即服务于物价稳定、充分就业、经济增长和国际收支平衡，以及实现货币的国际化。

央行干预的短期目标最终是为长期目标服务的，长期目标优于短期目标，并通过短期目标的实现而最终实现。例如，不论美国汇率如何变动，美国外汇干预的长期目标和短期目标非常一致，都是维护美元的核心国际货币地位，提高美国的国际竞争力。但是，长期目标和短期目标也会出现冲突。例如，一国要实现货币国际化，则本国货币要在长期内维持币值的坚挺和稳定，但是，如果该国在经济发展的某个阶段出现经济下滑，则央行外汇干预的短期目标则往往倾向于进行货币贬值以保证短期的经济增长。央行干预的目标的长短期冲突给央行干预的政策选择提出了挑战。

二、我国央行干预外汇市场的目标

（一）我国央行外汇干预的中长期目标

开放条件下一国经济政策的最终目标是实现经济增长、物价稳定、充

---

① 米什金. 货币金融学［M］. 人民大学出版社，2009.

分就业以及国际收支平衡，其中前三者称为内部均衡，国际收支平衡称为外部均衡。货币当局进行外汇市场干预时，其最终目标也是通过调节外汇市场使经济趋向内外均衡。对于中国而言，实现促进内外经济均衡的合理汇率水平是央行外汇干预的长期目标，而实现人民币的独立性（成为周边货币参考的"名义锚"）和国际化是央行核心的经济政策。

值得注意的是，尽管我国央行汇率政策的长期目标是实现促进内外经济均衡的合理汇率水平，但是经济内部均衡的几个要素之间往往难以同时实现，而在开放经济中，要同时实现内部均衡与外部均衡则更为困难。例如，根据"菲利普斯曲线"，一国的通货膨胀程度和失业率成反向变动关系，即失业率越低，通货膨胀水平越高，从而不可能同时实现物价稳定和充分就业，每个国家在不同阶段往往选择其中之一作为首要目标，或在两者之间做出妥协和权衡。再比如，如果一国同时出现通货膨胀和国际收支逆差，那么难以只通过一种政策调控手段来解决这两个问题：若为了抑制通货膨胀而提高利率，那么可能会吸引国际资本的流入，从而加剧资本与金融账户顺差；若为调节国际收支顺差而提高本币汇率或降低利率，那么可能导致国内消费和投资进一步增加，从而加剧通货膨胀。因此，要最终实现经济的内外均衡，只依靠汇率手段难以达成目标，汇率政策通常还需要与其他货币政策以及财政政策搭配使用[1]。

此外，在实现长期目标的过程中，不同国家对经济内外均衡中各要素的排序不尽相同。一般来说，内部均衡比外部均衡更为重要，而内部均衡中物价稳定和经济增长是更为重要的目标。只要干预得当，可以通过延续一段时间的外部不均衡来为内部均衡创造条件，在这种情况下形成的汇率水平也是央行可以接受的，这种汇率又称为"主观"均衡汇率，是央行外汇市场干预的中期结果。但是，从长期来看，国际收支不平衡最终会导致"主观"汇率的改变，从而最终实现理想的"均衡汇率"，又称为"客观"汇率[2]。

对于我国来说，在内部均衡与外部均衡的权衡中，我国首要关注内部

---

[1]　荷兰经济学家丁伯根在1952年提出了著名的"丁伯根原则"，即要实现N种独立的政策目标，至少需要相互独立的N种有效的政策工具相互配合；经典的斯旺模型则进一步给出了实现经济内外均衡的汇率政策与其他货币政策的搭配方案。

[2]　姜波克（2006）通过定义"主观汇率区间"证明了：随着外部均衡的实现，"客观"均衡汇率会落在不断调整的"主观汇率区间"中，从而实现"主观"汇率向"客观"汇率的转化，而这"主观汇率区间"的上限是由可容忍的通货膨胀率决定的，下限是由最低目标经济增长水平决定的。

均衡，而在内部均衡的几个目标当中，我国更为关注的是物价稳定与经济增长，从而，我国央行外汇干预的中期目标也在动态调整中与之相匹配。而从长期来看，我国央行的外汇市场干预最终要趋向于实现促进经济内外均衡的汇率水平，避免汇率失调。

（二）我国央行外汇干预的短期目标

在开放经济环境中，无论一国是实行固定汇率制度还是浮动汇率制度，央行外汇干预的短期目标一般都是维护汇率相对稳定、避免汇率大幅度波动并防范突发风险，维护国家的金融安全。同时，短期内央行也通过外汇干预与其他货币政策和财政政策进行政策搭配，调控宏观经济。无论是单从汇率层面上避免汇率的大起大落，还是从整个宏观调控层面上进行政策搭配，央行在汇率干预短期目标选择上所遵循的原则是解决当前最主要、最紧迫的经济冲突，维护经济的稳定发展。

历史上我国央行外汇干预的短期目标在不同时期呈现出不同的特点。1994～2000年这一阶段，由于我国刚刚建立银行间外汇市场，央行也刚开始以普通会员身份进入外汇市场买卖外汇（曹凤岐，2005[141]），所以这一阶段央行干预的主要目标是维持市场的正常、有序运转，保障人民币汇率制度改革顺利开展和进行。进入21世纪以后，在2001～2004年，由于我国实行盯住美元的汇率政策，因此这段时间央行进行了大规模的干预以维持人民币兑美元汇率的稳定，这一阶段央行的干预规模最大达到2066亿美元，远远超过上一阶段的344亿美元①。2005年至今，随着新一轮人民币汇率制度改革的进行，我国开始实行以市场供求为基础、参考一篮子货币的有管理的浮动汇率制度，且汇率弹性逐步增加，人民币汇率形成机制也趋于市场化，这一阶段我国央行干预的主要目标是在防范汇率风险的基础上服务于经济发展的需要和国家战略发展的需要。

（三）我国央行外汇干预长短期目标的关系

央行长期目标的实现不是一蹴而就的，长期目标是通过短期目标的实现而实现的。我们只有实现了短期汇率的相对稳定，避免出现大起大落，才能减小发生金融危机的可能性，从而为经济的长期发展奠定基础。

---

① 栗书茵，乔云霞. 央行对人民币汇率定价影响的实证分析 [J]. 现代财经，2012（03）：62－70。

短期目标与长期目标并不总是一致，但短期目标的最终目的应是服务于长期目标的实现。例如，短期内几乎没有任何一个经济体能够同时实现内部均衡与外部均衡，这时我们可以将首先实现内部均衡，或更缩小一步，将实现物价稳定或经济增长作为短期和中期目标，先实现短期或中期目标，再在此基础上调节国际收支，以最终实现长期目标。如果不分段进行，则面临无法实现最终目标的困境；而如果不将短期目标与长期目标相统一，选择了先调节外部均衡，后调节内部均衡，那么在没有国内健康发展的经济做支撑的条件下，即便实现了国际收支平衡，也无法予以维持，极易出现改革的反复甚至经济的衰退。因此，短期目标的设定应当以最终实现长期目标为依据，以解决当前经济发展的关键问题为首要任务，但可以允许对长期目标的暂时偏离。

三、不同汇率制度下央行目标的比较研究

（一）固定汇率制度下央行外汇干预目标：以中国香港特区为例

　　在固定汇率制度下，中央银行的目标是维持本币盯住某一名义"锚"，这里"锚"可能是其他国家的货币，也可能是黄金等贵金属或其他大宗商品，本币与"锚"之间维持固定的比率。因此，当本币与锚货币之间的比率偏离固定比率时，央行会通过外汇市场干预进行调节，以维持汇率的稳定。下面以香港特区的货币局制度为例，说明固定汇率制度下央行外汇干预的目标。

　　香港特区于1983年开始采用货币局制度，它有两项基本原则：一是港币汇率钉住一种美元；二是所发行的港币保证完全以美元储备作为后盾。在此后的几十年间，经过几次改革和修正，香港特区汇率制度已逐渐演化为采用货币局原则的联系汇率制度。1983~1988年，香港特区采取了简单的固定钉住原则，港币兑美元的汇率固定在7.8HK$/1US$，香港特区货币当局的干预目标是严格维持汇率的稳定。1988年7月，香港特区政府引入了一系列新的"账户安排"，从而使得香港特区的货币局制度管理变得更加自由和灵活（Greenwood，2008）[142]。在这种安排下，特区政府可以通过买卖新发行的外汇基金票据（Exchange Fund Bills and Notes）在一定程度上干预货币市场利率，并将汇率调至可接受的水平。

　　1997年亚洲金融危机爆发后，香港特区货币当局在联系汇率制度中引

入了"七项技术性措施"，其中规定了港币兑美元的汇率下限为 7.75 HK＄／1US＄，即当港币贬值水平达到汇率下限时，香港特区货币当局可以购买无限量的港币、卖出相应的美元以调节汇率。在实践中，汇率下限在 1999年 4 月～2000 年 7 月从 7.75HK＄逐渐演变成了 7.8HK＄（Genberg and Hui，2011）[143]。在设置了汇率下限之后，香港特区货币当局又在 2005 年 3 月随后出台了"三项修正方案"，一是设置港币兑美元的汇率上限为7.75HK＄／1US＄；二是将汇率下限调整为 7.85HK＄／1US＄；三是以中心汇率 7.8HK＄／1US＄为基础建立兑换区间，在区间内允许香港特区货币当局按照货币局原则进行市场操作。经过此次修正，香港特区的联系汇率制度变得更加有章可循。

在这种汇率制度下，香港特区货币当局的干预相对比较被动，其主要目标是维持港币汇率在兑换区间内波动。其稳定机制是：当资本流入香港特区造成港币汇率触及区间上限时，香港特区货币当局会卖出港币、买入美元，从而增加基础货币，压低银行间利率，而利率的下降则会抑制资本的流入，从而保证实现汇率稳定的目标。反之则反是。

总的来说，香港特区的联系汇率制度的主要目标是：在货币局原则下维持汇率的稳定和对港币的信心。

（二）浮动汇率制度下央行外汇干预目标：以美国、日本等国为例

在浮动汇率制度下，中央银行干预外汇市场的频率比较低，通常是在一定时间、地点等条件下根据自身需要进行干预，多数情况下是当外汇市场波动达到一定程度，央行才会进行干预，以维持市场的有序运行。浮动汇率制度下央行外汇干预的目标主要有抑制汇率过分波动、维持国际货币地位等。下文通过介绍美国、日本、印度、印度尼西亚和韩国货币当局的外汇干预目标，对浮动汇率制度下央行外汇干预目标进行分析和总结。

美国的外汇干预的主要目标是维护美元的国际地位，着重实现经济的内部均衡。无论是长期还是短期，美国外汇干预的核心目标都是通过维护美元在国际货币体系中的核心地位来提升美国的竞争力。

日本央行外汇干预的短期目标和长期目标并不完全一致。由于日本以贸易立国，因此短期内汇率政策的目标是推动经济增长；从长期来看，日本又致力于推动日元的国际化。短期目标和长期目标存在一定的矛盾，例如，为实现日元的国际化，日元需保持币值的坚挺，这不利于短期内的出

口，但如果为在短期内促进出口和经济增长而降低汇率，那么则不能快速实现日元的国际化。因此，应对二者加以权衡和协调，否则可能面临短期目标和长期目标的双重偏离。现实中，日本货币当局并没有很好地协调二者的关系①。

印度在 1993 年 3 月开始实行浮动汇率制度，卢比汇率很大程度上是由市场供求关系决定的，印度货币当局只进行偶尔的外汇干预，外汇干预的主要目标是抑制汇率过度波动、维持市场的稳定。在此目标下，印度货币当局的干预政策是"逆风向干预"。

对于印度尼西亚来说，货币当局的外汇干预的最终目标是服务于物价稳定、经济增长、货币和金融体系的稳定。直接目标是减小汇率的波动，维持汇率基本稳定。外汇干预的基本原则是稳定汇率以适应经济基本面的需要，即强调调节汇率以稳定物价、保障金融体系健康发展。维持对外竞争力并不是印度尼西亚货币当局进行外汇干预的首要目标。

韩国的外汇干预目标与印度、印度尼西亚非常类似，都是抑制过度的汇率波动。当汇率波动过大时，生产商出于对未来利润不确定性的担忧，往往倾向于提高售价以弥补潜在可能的损失，从而增加了通货膨胀的压力。为防范这一风险，韩国外汇干预的主要目标是限制汇率的过度波动或者抑制汇率投机（Ryoo et al.，2013）[144]。

通过对浮动汇率制度国家外汇干预的主要目标的分析，我们可以发现，抑制汇率的过度波动、维持经济的稳定是多数国家外汇干预的首要目标，对于国际化程度较高的美元和日元来说，尽管争取或保持本国货币的国际地位是长期目标，但这一目标的实现也是以币值的稳定和坚挺为基础条件的。

（三）有管理的浮动汇率制度

有管理的浮动汇率制度是中间汇率制度的一种，我国实行的即是有管理的浮动汇率制度。由于这种汇率制度下货币当局的干预更为主动、手段更为灵活，因此外汇干预的目标也更为多样化，除抑制汇率的过度波动或维持币值的稳定之外，还有与其他政策进行搭配以促进经济的内外均衡。

---

① 《广场协议》签订以后，日元大幅升值，这不仅严重损害了日本的经济发展，而且不利于日元国际化目标的实现。20 世纪 90 年代经济泡沫破裂之后，日本外汇干预的短期目标是使经济快速从衰退中复苏，但这一目标下的外汇干预操作加剧了日元的波动性，阻碍了日元国际化这一长期目标的实现。

第二节　央行应对外汇市场压力的干预政策

一、央行外汇干预政策概述

在确定央行外汇干预的目标之后，如果本币面临较大的外汇市场压力，使得本币币值的变动偏离了既定的目标，那么央行则会采取相应的干预政策进行干预。

央行应对外汇市场压力的干预政策主要分为三个方面：对市场的监控政策、干预的时机以及干预的方式或工具。其中，对市场的监控是央行选择干预时机和干预方式的基础。只有有效地监控市场的运行，及时发现不利的外汇市场压力，才能选择合适的干预时机和干预方式予以调控。目前各国央行监控市场的方式不尽相同，多数央行（如美国、欧盟成员国等）会选择一系列监控指标来判断市场的发展走向。常用的监控指标有债券利差、跨境银行活动、跨境证券买卖、国际资产组合配置的改变、特定市场（如美国、欧洲）的发展等。

在对市场形势作出判断之后，央行需要决定何时对市场进行干预。央行只有在恰当的时机介入市场进行干预，才可能取得最佳效果。干预的时机分为提前干预（pre-emptive intervention）和反应性干预（reactive intervention）。提前干预指央行根据对市场的预期提前进行干预，其优点是先发制人，旨在将可能的负面影响减小至最低，但其主要问题是可能增加市场的不确定性，引起不必要的市场波动。例如，当央行预期本币有较大的升值压力时，提前在外汇市场上卖出本币，如果这一操作被投资者或投机者过分解读，认为央行希望通过本币贬值刺激出口，从而形成贬值预期，那么会导致汇率从高点急速下降，带来汇率的大起大落，这反而不利于经济的稳定发展。反应性干预则是指央行根据市场发展视情况进行干预，这种干预最大的优点是可以取得更快、更直接的效果，缺点是在市场已经出现压力之后央行才进行干预，前期已经出现的负面影响难以提前规避。

在确定了干预的时机后，最重要的是干预方式或干预工具的选择。根据外汇市场压力的定义，外汇市场压力反映了国际上对本国货币需求的变化，而央行的干预操作既可以通过直接改变本币供给数量维持汇率的稳定，也可以通过间接影响国际上对本国货币的需求减小外汇市场压力，因此，按照央行是否通过直接在外汇市场上买卖外汇影响汇率，可以将干预方式分为直接干预与间接干预。本节将对直接干预与间接干预进行详细介绍，第九章将在此基础上重点讨论央行采取何种干预方式可以有效应对高水平对外开放进程中的外汇市场压力。

二、直接干预

（一）我国央行直接干预的方式和过程

直接干预是指央行主要通过买卖外汇资产、并辅以其他交易方式对外汇市场进行干预的手段。我国外汇市场的干预是以买卖外汇资产为主，同时，为推进人民币汇率形成机制改革、提高外汇公开市场操作的市场化程度，增强央行干预外汇市场的有效性和安全性，我国央行还推出了一系列创新性的操作方式，如使用期货、互换等金融衍生工具进行干预，或通过干预远期外汇市场影响即期汇率等。例如，我国央行于 2005 年开始与商业银行开展人民币与外币掉期业务，干预外汇市场。总体上看，我国央行的干预仍以传统的干预即期市场的方法为主，最主要的原因是：即期市场的流动性最高，与远期市场操作相比，干预即期市场有助于降低未预期到的因素所带来的市场风险。

央行的直接干预涉及境内干预以及境外干预。中国外汇交易中心是央行在境内进行直接干预的重要场所。中国外汇交易中心于 1994 年 4 月成立，为外汇市场等提供交易、信息等服务，同时根据中国人民银行的授权，发布人民币汇率中间价等信息，是以外汇指定银行、部分非金融类企业和企业财务公司为会员的批发市场。银行在零售市场与个人、企业买卖外汇后，首先可能需要与其他银行等金融机构和非金融机构在外汇交易中心互相调剂、轧平外汇头寸；其次，当市场上仍有外汇买卖差额时，中央银行会入市进行干预。若中央银行全额吸收买卖差额、使市场达到出清状态，那么汇率将会维持稳定，否则会带来汇率的变化和波动。除了境内干预之外，随着人民币国际化的推进，离岸人民币市场迅速发展，我国央行在境外的干预也开始增多，直接干预扩展到世界范围。与境内干预不同的是，央行对境外离岸市场不具备直接影响力，央行通常只能通过成为该市场的一个参与者，抛出或买入美元、人民币等货币来影响人民币走势。

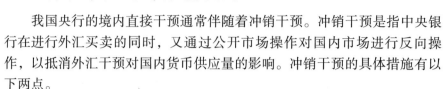

我国央行的境内直接干预通常伴随着冲销干预。冲销干预是指中央银行在进行外汇买卖的同时，又通过公开市场操作对国内市场进行反向操作，以抵消外汇干预对国内货币供应量的影响。冲销干预的具体措施有以下两点。

第一，改变货币乘数。央行可以通过调整存款准备金率改变金融机构的信贷扩张能力，从而间接调控货币供应量。

第二，改变基础货币。由于基础货币的变动＝外汇占款的变动＋对中央政府债权的变动＋对商业银行的债权的变动＋对非银行金融机构债权的变动－公共部门存款的变动－发行债券－其他负债（包括国外负债、自有资金等），因此央行改变基础货币的措施也可以从以上几个要素入手。具体而言，央行维持基础货币供应量不变的冲销方式主要有以下四点。

一是增加或减少对中央政府的债权或中央银行融资券。即通过公开市场操作买卖国债或中央银行债券，达到改变基础货币的目的。

二是通过控制再贴现率等手段来控制对商业银行的再融资。再贴现是指商业银行将其贴现的未到期票据向中央银行申请再贴现。再贴现意味着商业银行向中央银行申请贷款，从而增加了货币供应量。当提高再贴现率时，商业银行可获得的货币资金减少了，从而相当于中央银行减小了基础货币的投放，而降低再贴现率则意味着央行增加了基础货币的投放。

三是改变对非银行金融机构的信用贷款，这种方式在我国并不常用。

四是改变政府存款和非金融机构存款。由于央行通常只是被动持有中央政府存款和非金融机构存款，因此难以通过这一途径改变基础货币供应量。

（二）其他国家央行的直接干预

事实上，世界上其他很多国家的外汇直接干预与我国有诸多类似之处。例如，印度尼西亚大部分的直接干预都是在即期市场发生的，但中央银行也会进行互换和远期交易；同时，外汇市场干预也伴随着冲销干预，当印尼盾面临较大的升值压力时，印度尼西亚央行会在买入外汇、卖出印尼盾的同时，通过卖出政府债券或鼓励存款等方式回笼资金，维持物价的稳定、汇率的稳定以及金融体系的稳定。

韩国货币当局在做出外汇干预决定时，通常会考虑外部冲击的力度和性质、其他市场指数的变化、市场结构、可用资金的数量等多种因素。在决定何时进行外汇市场干预时，货币当局既不依赖于观测特定指数的变化，也不使用特定的经济模型进行决策，而是通常采取"反应性干预"，在实时监测的基础上，综合考虑多种因素进行干预操作。例如，当韩元面临过度的贬值压力时，韩国货币当局会在考虑外汇储备量的基础上决定如何进行干预，以免消耗过多外汇储备而损害经济发展。在直接干预的方式上，韩国货币当局近年来会同时在即期市场和远期市场进行干预操作，当干预的主要目标是烫平经济波动时，货币当局通常偏好在即期市场进行操作，而当干预目标是为市场提供美元流动性时，货币当局又会在远期市场进行互换操作①。在进行直接干预的同时，韩国货币当局也采取了冲销干预政策，以维持货币供应量的稳定，具体来说，韩国央行使用最多的冲销工具是韩国中央银行证券——货币稳定债券（MSB），这种债券虽成本较高，但通常能够起到较好的效果。

三、间接干预

间接干预是指除央行直接在外汇市场买卖外汇之外的其他影响汇率的方法，间接干预的方法多种多样，最主要的两种方法有汇率沟通和汇率制度建设。

（一）汇率沟通

汇率沟通又称口头干预，是指央行公开发表对外汇市场的看法和立场，从而间接影响市场参与者对汇率变动的预期，进而改变市场参与者的交易行为，达到最终影响汇率变动的目的。与直接干预相比，汇率沟通不仅时滞短，而且成本极低，因此得到了世界各国货币当局的普遍采用。

例如，美国和欧盟的货币当局几乎不采用直接干预而通常使用汇率沟通来调节外汇市场，日本货币当局近年来也将汇率沟通作为重要的外汇市场干预手段。拜内等（Beine et al.，2007）[145]实证研究了美国、欧盟、日本中央银行的汇率沟通行为对汇率水平和汇率波动率的影响，研究发现，央行的汇率沟通、特别是央行对外汇市场直接干预行为的解释或声明有助于提高直接干预影响汇率水平的有效性，并有助于减小直接干预带来的汇

---

① 韩国央行于2007年开始参与外汇市场互换操作，其主要目的就是缓解韩国外汇市场资金的不平衡。

率波动。这一研究不仅说明了汇率沟通的有效性，也说明了汇率沟通与直接干预的搭配使用可以取得良好的效果。萨卡塔和塔克达（Sakata and Takeda，2013）[146]实证研究了1995年1月1日~2011年5月31日日本货币当局的汇率沟通行为对日元/美元汇率的影响，研究发现，日本汇率沟通的有效性取决于发言人的身份以及发言的内容，市场参与者对货币当局确定性的表态更加信赖，同时也更加信赖直接制定和实施汇率政策的官员讲话。

此外，韩国央行在实践中也非常重视汇率沟通的使用，其通过传达官方对外汇市场发展的看法和意图来达到抑制投机的目标。但是韩国央行对汇率沟通的使用存在较为严格的限制，因为如果频繁使用这一方法，则会削弱市场对其的敏感度，从而降低其在市场中发挥的作用。我国央行在直接干预的同时，也进行了一定的汇率沟通，对市场参与者的汇率预期形成发挥着重要作用。

（二）汇率制度建设

汇率制度建设也是央行间接干预外汇市场的手段。汇率制度建设主要包括外汇管制、进行汇率制度改革、加强外汇市场基础设施建设、健全外汇市场管理和调节机制等制度性措施。汇率制度建设既包括市场化改革的措施，也包括稳定市场的限制性措施。这类措施虽不直接作用于市场汇率，但可以通过改变交易环境或对交易行为做出限制性规定来影响汇率的变动。

我国2005年重大汇率制度改革以来，人民币汇率弹性逐步增强，人民币汇率浮动区间逐步扩大，市场化程度也逐渐加深，我国人民币汇率形成机制改革一方面改变了我国外汇市场的交易规则，从而间接影响了人民币汇率的走势和波动，另一方面也在无形中影响着市场参与者对人民币汇率的预期，例如，更富有弹性的人民币汇率在一定程度上减轻了国际上对人民币的升值压力。

国际上多数国家都会通过制度建设稳定外汇市场，间接影响外汇市场的发展和汇率的走向。与中国目前正在进行的市场化改革不同，国际上不少国家在汇率制度建设方面近年来出台了一系列管制措施，以稳定外汇市场的发展。本书在收集韩国、俄罗斯、阿根廷、巴西、以色列汇率制度建设措施的基础上，对其做了总结和归纳，如表8-2所示。

表 8 - 2   2008 ~ 2012 年韩国等国汇率制度建设措施一览表

国家	主要措施
韩国	宏观审慎监管措施，如限制银行的外汇远期头寸、对外国购买国库券和货币稳定债券征税、对借入外币用于本国使用的行为加强监管、限制投资本国发行的非韩元标价债券
俄罗斯	1. 对银行持有的国内负债和国外负债采取差异化的储备要求（国外负债要求更高的储备） 2. 央行建议商业银行维持稳定的外汇资产和货币头寸，如商业银行未遵照建议执行，则其无抵押贷款限额可能被降低
阿根廷	1. 外国金融债务和资产组合投资的持有期限不得少于一年 2. 资本管制措施，如居民只有获得中央银行的同意才能在当地外汇市场购买外国资产
巴西	1. 禁止当地银行给外国投资者贷款、进行互换交易或出借证券 2. 对部分金融业务的外汇交易征税
以色列	1. 对银行业与非居民发生的外汇衍生品交易提出储备金要求 2. 居民和非居民须向中央银行报告单日外汇互换和外汇远期超过一千万美元的交易

资料来源：根据国际清算银行第 73 号出版物（BIS Papers，No. 73）整理而得。

四、央行干预政策的传导机制分析

按照西方中央银行干预的理论框架，中央银行在外汇市场上进行直接干预与间接干预，进而影响汇率的传导渠道可以分为四类：资产组合渠道、信号渠道、指令流渠道以及噪声交易渠道。其中，直接干预、特别是结合冲销干预进行的直接干预会通过以上四个渠道发挥作用，而间接干预主要通过信号渠道对汇率产生影响。

（一）资产组合渠道

根据汇率的资产组合平衡模型，私人投资者会同时持有本国金融资产和外国金融资产，且本外币金融资产不能完全替代。投资者会根据不同币种金融资产的风险和收益情况，将财富在各币种资产上进行分配。当货币当局干预外汇市场、改变不同币种金融资产的相对供应量时，私人投资者会相应调整资产组合内不同币种的资产的持有水平，从而导致汇率发生变动。例如，中央银行在冲销干预时卖出本国债券以回笼资金，这会导致投资者持有的本国债券的相对数量增加，即本币金融资产相对数量增加，从而导致本币贬值。

但是，资产组合渠道并不是央行干预的政策发挥作用的主要渠道，主要原因是央行的这部分外汇市场交易规模相比于整个市场的外汇存量而言微不足道。在外汇市场越发达的国家，这一渠道发挥的作用越小。例如，莱欧（Ryoo，2013）对韩国外汇市场干预的研究表明，随着韩国近年来外汇市场的扩大，资产组合渠道发挥的作用越来越小。

（二）信号渠道

信号渠道最早是由穆萨（Mussa，1981）[147]提出的，它是指中央银行通过其对外汇市场的直接干预或间接干预向市场传递了汇率未来不可预测的变化信号，从而影响市场参与者的预期，进而作用于汇率的变化。里夫斯（Reeves，1997）[148]指出，如果信号本身不可信，或市场不能有效利用相应的信息，那么这一渠道发挥的作用会比较有限。

在实践中，信号渠道是央行干预影响汇率非常有效的渠道（Chen et al.，2014）[149]。中央银行作为汇率政策的制定者和重要的外汇市场参与者，拥有一般市场参与者不具有的"内部信息"，因此，中央银行一旦通过信号渠道将内部信息传递给市场参与者，通常会被认为是传递了"重大消息"，从而可以有效改变交易者对未来汇率的预期；同时，中央银行的直接干预也可以向市场传达官方对合意汇率水平的看法，引导市场的汇率预期。国际清算银行2013年的一项调查显示，56%的被调查的发展中国家的外汇干预主要是通过"信号渠道"发挥作用的，莱科特和雷蒙德（Lecourt and Raymond，2006）[150]、尼利（Neely，2008）的研究也得出了类似的结论。

（三）指令流渠道

指令流渠道最早由里昂（Lyons，2001）[151]提出，它是指汇率的变化是由买方发动的交易或卖方发动的交易（即指令流）导致的。当买入外汇的顺序交易超过卖出外汇的交易时，相应的外汇汇率会上升，反之反是。央行的外汇市场直接干预操作也是一种指令流，它可以通过影响外汇买卖数量直接影响汇率的变动。

（四）噪声交易渠道

亨（Hung，1997）[152]最早提出了中央银行干预操作的"噪声交易渠道"。他将市场上的交易者分为两类：噪声交易者和基本面交易者，假设噪声交易者主导外汇市场，从而很好地解释了为什么某些中央银行倾向于采用秘密干预的方式干预外汇市场，也解释了美国货币当局冲销干预反而会增大汇率波动性的原因。此后，不少学者针对噪声交易渠道进行了研究，如易卜拉欣和阿德雷泽科（Ibrahim and Abderrazek，2013）[153] 对澳大利亚的研究支持了中央银行应当采用秘密渠道进行外汇干预的结论。拜内等（Beine et al.，2009）[154] 在考虑噪声交易者和基本面交易者的基础上使用马尔科夫区制转换模型检验了中央银行干预对汇率的影响，发现央行干预增加了基本面交易者的比例，从而对汇率起到了稳定的作用。

本 章 小 结

　　研究高水平对外开放进程中的外汇市场压力，目的是为我国央行的外汇市场干预和政策调控提供参考与建议。本章从时间维度和国家维度两个方面介绍了央行干预外汇市场的目标，干预政策和方式。在央行干预目标方面，央行的干预目标既可分为干预动机、直接目标与最终目标，也可分为短期目标与长期目标。本章首先对干预目标进行了总体介绍，进而分析了我国央行的干预目标及其冲突，并对不同汇率制度下央行的目标进行了国际比较研究。在央行干预目标的指导下，央行需选择合适的干预政策。央行干预政策主要可分为直接干预与间接干预，其中间接干预的方法多种多样，最主要的两种方法有汇率沟通和汇率制度建设。干预政策主要通过资产组合渠道、信号渠道、指令流渠道以及噪声交易渠道等对汇率产生影响。本章为下一章的实证分析提供了理论基础。

第九章

我国央行干预政策效果的实证分析

第一节　央行直接干预行为对外汇市场压力的影响

一、央行直接干预的衡量指标

　　要研究央行直接干预行为对人民币外汇市场压力的影响，首先需要确定央行干预的衡量指标。在央行干预操作透明的国家，通常可以采用事件研究法来研究央行的干预操作对外汇市场的影响。根据法图姆（Fatum，2000）[155]的定义，央行的干预事件是指"货币当局在外汇市场上所进行持续数天的同方向的干预行为（外汇或本币的买入或卖出）"。法图姆（2000）同时指出，判断央行直接干预是否成功主要看央行的干预操作是否按设定的目标改变了汇率。这分为两种情况：第一种是汇率按照央行干预操作的方向发生了变化；第二种是与前一天相比，汇率的变化幅度发生了改变。

　　这种事件研究法虽然非常直接，但存在三个问题。首先，事件分析法只能用于分析干预操作的超短期效应（通常不超过1个月），而如果要分析连续的较长时间区间内央行干预效果的变化规律，则这一分析方法存在局限性。其次，确定一次事件的时间区间长短存在较大的主观性。如果选择的时间区间过短，那么无法真实反映央行一段时间操作的连续性，而选择的时间区间过长则又会把央行的多次干预错误地归为一次，从而对央行的干预效果难以得出准确的结论。最后，由于我国央行外汇的干预和调控操作比较频繁，且不对外公布外汇干预的具体数据，因此，事件分析法难以应用于我国央行干预效果的分析。

本书以外汇市场压力为基础，通过构建央行直接干预指标来分析央行的干预操作是否有效吸收了人民币面临的外汇市场压力。

央行的干预指标（以 INT 表示）构建如下：

$$INT_t = (EMP_t - \Delta e_t)/EMP_t$$

该指标构建的原理是：根据外汇市场压力的构建原理，由于外汇市场压力 = 观察到的汇率变化 + 央行干预抵消的部分，因此，央行的干预强度可以表示为央行干预抵消的部分占外汇市场压力的比例。当央行干预指标（INT）等于 1 时，说明汇率没有变化，全部外汇市场压力都被央行干预所抵消了；当央行干预指标等于 0 时，说明全部外汇市场压力都体现为汇率的变化；当央行干预指标在 0 ~ 1 时，则说明央行干预有效吸收了部分外汇市场压力；当指标大于 1 时，说明央行干预不但吸收了全部外汇市场压力，而且扭转了外汇市场压力的方向，出现干预超调；当指标小于 0 时，则说明央行同向增加了外汇市场压力。表 9 - 1 对以上的几种情形分别举例加以了说明。

表 9 - 1　　　　　　　　央行干预指数的构建原理及含义示例

外汇市场压力（EMP）	汇率变动（Δe）	央行干预指数（INT）	含义
- 0.5	- 0.2	(- 0.3)/(- 0.5) = 0.6	央行干预有效吸收了部分外汇市场压力
- 0.5	- 0.5	0	全部外汇市场压力都体现为汇率的变化
- 0.5	0	1	全部外汇市场压力都被央行干预所抵消
- 0.5	0.2	(- 0.7)/(- 0.5) = 1.4	干预超调
- 0.5	- 0.7	(- 0.5)/0.2 = - 2.5	央行同向增加了外汇市场压力

二、央行直接干预对外汇市场压力影响的实证分析

央行直接干预对外汇市场压力的影响可分为两种，一是央行直接干预可能对市场上已经形成的外汇市场压力进行吸收或调节，本书定义其称为"吸收性影响"，二是央行直接干预行为可能会影响市场参与者对当期或下

一期汇率预期，从而从源头上影响外汇市场压力的形成，本书定义其为"外源性影响"。

因此，下文将通过数据和实证分析对上述两个方面进行检验。

（一）央行直接干预是否有效"吸收"了外汇市场压力

根据央行干预指标构建公式 $INT_t = (EMP_t - \Delta e_t)/EMP_t$，本书选取 2008 年 1 月 ~ 2015 年 6 月的月度数据计算我国央行干预指数，其中 EMP 为不含利差项的外汇市场压力指数，Δe 为人民币兑美元对数收益率。央行干预指数走势如图 9 - 1 所示。

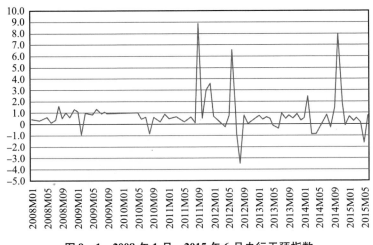

图 9 - 1　2008 年 1 月 ~ 2015 年 6 月央行干预指数

资料来源：作者根据国家外汇管理局和 CEIC 数据库计算绘制。

根据图 9 - 1，2008 年至今大部分时间央行干预系数在 1 附近波动，这说明央行有效干预了外汇市场，吸收了外汇市场压力，且干预力度较大。值得注意的是，在 2011 年 9 月、2012 年 5 月、2014 年 10 月央行干预指数明显大于 1，这说明在这些时点央行存在较为明显的干预超调，扭转了原来的外汇市场压力方向。同时，个别月份央行干预指数小于 0，这说明央行在某些时期非但没有降低外汇市场压力，反而同向增加了外汇市场压力，让汇率波动程度增大。

总的来看，央行大多干预操作以吸收已经产生的外汇市场压力为主，且干预力度较大，从这个角度看，央行的干预效果较好。

（二）央行直接干预能否从源头改变外汇市场压力的形成

1. 模型构建与数据说明

考虑到央行直接干预行为可能会影响市场参与者对当期或下一期汇率预期，从而从源头上影响本期或下期外汇市场压力的形成，因此构建实证模型如下：

$$EMP_t = \alpha + \beta_1 INT_t + \beta_2 CPI_t + \beta_3 Trade_t + \beta_4 d(Industry)_t + \varepsilon_t \quad (9.1)$$

$$EMP_t = \alpha + \beta_1 INT_{t-1} + \beta_2 CPI_t + \beta_3 Trade_t + \beta_4 d(Industry)_t + \varepsilon_t \quad (9.2)$$

其中，INT 表示央行干预指数，EMP 为不含利差项的外汇市场压力指数，根据前文对外汇市场压力影响因素的理论分析，通货膨胀率（CPI）、贸易顺差（$Trade$）、工业增加值增长量 $[d(Industry)]$ 为控制变量，控制变量的设定与第七章实证分析相一致。

为分别验证外汇市场压力的大小是否受到当期以及上一期央行直接干预的影响，因此构建模型（9.1）和模型（9.2），模型（9.1）用于检验本期央行直接干预对本期人民币外汇市场压力的影响，模型（9.2）用于检验上一期央行直接干预对本期人民币外汇市场压力的影响。

模型中全部数据采用 2008 年 1 月 ~2015 年 6 月的月度数据，相关指标的计算与数据来源已在之前章节详细说明。

除 INT 之外，模型涉及的其他相关变量均已在第七章中进行过平稳性检验，并且均为平稳数列，因此此处只对 INT 的平稳性再做说明，INT 的单位根检验结果如表 9-2 所示，INT 也是平稳数列。因此，模型设置稳健。

表 9-2   INT 的单位根检验结果

变量	ADF 统计值	1% 临界值	5% 临界值	10% 临界值	P 值	结果
INT	-8.5778	-3.5056	-2.8943	-2.5843	0.0000	平稳

2. 实证结果分析

表 9-3 为央行直接干预对人民币外汇市场压力"外源性影响"的回归结果，可以看出，无论是使用当期央行直接干预指数，还是上期央行直接干预指数，在 10% 的显著性水平下 INT 的系数均不显著，比较二者的 t 值可以看出，模型（9.1）中 INT 的 t 值比较接近显著水平，而模型（9.2）中 INT 的 t 值非常小。

表 9 - 3　　　　央行直接干预对人民币外汇市场压力"外源性影响"的回归结果

变量	当期直接干预的影响（1）	上期直接干预的影响（2）
Constant	11. 2682 *** （4. 4526）	11. 1939 *** （4. 3701）
INT	0. 0506 （1. 4447）	0. 0004 （0. 0118）
CPI	- 0. 1151 *** （ - 4. 7083）	- 0. 1140 *** （ - 4. 6083）
Trade	5. 90 * （1. 6913）	5. 91 * （1. 6724）
d(*Industry*)	- 0. 0010 （ - 0. 5596）	- 0. 0009 （ - 0. 5256）
R^2	0. 2613	0. 2429
Prob(F-Statistic)	0	0

注：* 表示 10% 以下显著，** 表示 5% 以下显著，*** 表示 1% 以下显著；括号内为 *t* 值。

　　这说明央行直接干预主要针对的是减轻当期的外汇市场压力，对下一期的外汇市场压力没有任何作用，同时，由于对当期外汇市场压力的系数也不显著（置信度需取到 20% 才显著），所以可以认为央行直接干预只能针对已经产生的外汇市场压力进行吸收性调控，以减轻已经产生的外汇市场压力对实际汇率的影响，而不能从源头上减轻当期或本期的外汇市场压力。

三、央行直接干预的收益与成本分析

（一）央行干预收益分析

　　当前无论是固定汇率制度国家还是浮动汇率制度国家，其央行都会或多或少地进行外汇市场干预。总的来说，外汇市场干预最主要的作用在于弥补市场失灵、稳定经济、防范金融风险。对于浮动汇率制度国家来说，外汇市场干预更多的是纠正市场失灵、抑制汇率大起大落带来的风险，而固定汇率制度国家的央行干预则是保持汇率的盯住或稳定，对于中间汇率制度国家来说，央行外汇干预的目标更加多元化，但最终都是通过干预外汇市场维持金融和经济的稳定发展。我国央行外汇干预的收益有以下几点。

第一，推动对外贸易健康发展，促进经济增长和产业结构调整。我国是出口导向型国家，央行通过外汇干预维持汇率在合意的水平上，有利于我国对外贸易的发展和经济的相对稳定。如果放弃央行干预而任由市场调节汇率，则人民币的过快升值将给我国出口部门带来巨大压力，甚至导致部分企业破产，失业率快速攀升，影响内部产业结构调整的步伐。

第二，央行干预是宏观审慎监管的重要组成部分，有利于减小投机交易和汇率波动风险，防范金融风险。随着我国资本账户开放的有序进行，人民币汇率可能面临国际资本更大范围、更深层次的冲击，央行干预有利于保障我国改革进程中的汇率稳定和资本流动可控，防范金融风险。

第三，有利于推动人民币汇率形成机制改革顺利进行。央行适当的干预可以修正市场失灵，保证在渐进、可控的范围内扩大市场供求对汇率的作用，逐步推动汇率市场化改革。我国当前国内金融体系尚不完善，在高水平开放的进程中也面临日益复杂的国际形势，在这种环境下，人民币汇率市场化改革应当渐进、稳步推行，而不能冒进，只有加强央行的监管和调控，才有助于推动人民币汇率市场化改革成功进行。

第四，央行的汇率政策是与其他政策搭配使用的需要。若我国面临大量资本流入和高通货膨胀，此时仅仅依赖利率政策无法同时解决这两个问题：提高利率虽可以抑制通货膨胀，但却可能吸引国际资本进一步向我国涌入；若降低利率以减少资本流入，那么则会加剧通货膨胀。在这种情况下，可以通过央行干预外汇市场影响汇率预期，抑制资本的流入，同时提高利率降低通货膨胀压力。奥斯特里等（Ostry et al.，2012）[156]就指出，外汇干预在特定情形下可能是通货膨胀目标下最优的调控工具。

（二）央行干预成本分析

尽管央行干预是弥补市场失灵必不可少的手段，但如果付出了巨大的成本，则这种干预也不可持续。一般来说，央行长时间、高频的直接干预会带来一系列负面影响。我国央行长期、高频的干预会带来以下成本。

第一，如上文所述，央行的直接干预通常伴随着冲销干预以稳定国内货币供应量，但是，随着我国外汇市场的扩大，冲销干预所能发挥的作用愈发有限。我国央行冲销干预的手段主要有再贷款和再贴现、调整存款准备金率、进行公开市场操作等。当人民币面临升值压力时，央行一方面买入外汇、卖出人民币，另一方面又通过发行债券等方式吸收过多的人民币，但庞大的外汇市场令央行的冲销干预操作越来越没有效果。例如，即便货币当局采取了多种应对措施，还是没能避免 2005～2007 年的通货膨胀和资产价格大幅上涨。

第二，央行长期的频繁干预不利于我国经济结构的调整。尽管央行的适度干预有利于保障经济的稳定运行，但为维持出口而进行的长期外汇干预会使出口部门对我国的汇率优势产生依赖，长期出口低附加值产品；出口导向型的汇率政策使得经济无法摆脱对出口的依赖，这不利于我国经济结构的调整和转型。

第三，在开放的环境下，央行明显、频繁的干预行为不符合国际通行的市场化经济原则，这增加了国际贸易摩擦，恶化了外部经济环境。事实上，我国央行的外汇市场干预已成为美国等竞争国家指责我国操纵汇率、进行贸易保护的依据。

第四，外汇市场干预可能带来投机风险和虚假贸易，不利于外汇市场的发展。例如，随着人民币离岸市场的发展，人民币离岸市场的汇率更加市场化，央行对在岸汇率的干预会造成在岸与离岸形成两种价格，给各类金融机构和企业在两个市场中进行无风险套利制造了机会，从而带来投机风险。为解决这一问题，尽管商业银行采取"实需原则"为企业办理结售汇，即要求企业必须有真实的进出口和直接投资需求才能与银行进行外汇买卖，提供相关合同、单证等证明材料，但这不仅带来了虚假贸易，也限制了外汇市场的发展规模，使外汇市场的发展受到实体经济的制约。

第五，在开放的环境下，央行的外汇市场干预积累了大量外汇储备，持有外汇储备的成本增加。具体来说，在我国鼓励出口的货币和汇率政策下，长期以来我国面临经常账户和资本与金融账户的双顺差，大量外汇流入我国，使我国大量买入外汇，积累了巨额的外汇储备。由于目前外汇储备的投资渠道有限，多数外汇储备以美国国债的形式持有，收益极低，因此持有巨额外汇储备产生了巨大的机会成本。另外，我国外汇储备的结构不合理，资产结构单一，大量美元储备的存在增加了汇率风险，一旦美元贬值，我国外汇储备也将相应受损。此外，巨额的外汇储备也影响了货币政策的有效性。在封闭经济中，基础货币的投放可以由中央银行较为独立地决定，但开放环境下，外汇储备的大量积累在客观上会导致外汇占款增加，从而改变了基础货币的投放结构，在一定程度上削弱了央行投放基础货币的主动性。

第六，开放环境下稳定汇率的干预操作影响了货币政策的独立性。

根据"不可能三角"理论，固定汇率、资本自由流动和货币政策的独立性三者不可兼得。随着我国资本账户的逐渐放开，央行同时维持汇率稳定和货币政策的独立性变得非常困难。例如，在人民币面临升值压力时，若央行为阻止人民币升值而大量买入外汇、卖出人民币，那么会导致外汇占款数量激增，可能造成国内通货膨胀，给货币当局治理通货膨胀带来挑战。如果为降低通货膨胀率而提高利率，则反而会加剧人民币升值压力。

四、央行直接干预的总体评价

总的来看，适度的央行直接干预是弥补市场失灵、缓解不利的外汇市场压力、稳定金融和经济环境必不可少的手段，但是过度、频繁的外汇市场干预也存在诸多弊端，在日益开放的经济环境下，央行的直接干预、特别是冲销干预的效果变得越发有限，要达到良好的干预效果，需付出的成本也会相应上升，因此，央行直接干预并不是最优的政策手段。

实际上，如果央行可以从源头上控制外汇市场压力来源，或提前预判压力方向，那么可以有更大的操作空间，低成本地干预外汇市场。前文实证分析显示，央行直接干预目前不能从源头影响外汇市场压力的形成，那么间接干预能否为低成本地干预外汇市场提供了一种可能呢？下一节将通过实证来检验央行的重要间接干预行为——扩大汇率弹性区间是否可以有效降低不利的外汇市场压力。

第二节 央行间接干预行为对外汇市场压力的影响——以扩大人民币汇率弹性区间为例

根据第八章对央行间接干预的详细介绍，央行间接干预最主要的两种方法有汇率沟通和汇率制度建设。其中汇率沟通不仅时滞短，而且成本极低，因此得到了世界各国货币当局的普遍采用。但是，如果频繁使用这一方法，则会削弱市场对其的敏感度，从而降低其在市场中发挥的作用。我国央行在直接干预的同时，也进行了一定的汇率沟通，对市场参与者的汇率预期形成发挥着重要作用。此外，汇率制度建设也是央行间接干预外汇市场的重要手段，它虽不直接作用于市场汇率，但可以通过改变交易环境或对交易行为做出限制性规定来影响汇率的变动。

对于我国来说，扩大人民币汇率弹性区间就是一项重要的汇率制度建设，已有的文献很少从实证角度关注汇率弹性区间改革对外汇市场压力的影响，本书将弥补这一研究领域的空白，通过实证分析检验扩大人民币汇率弹性区间对外汇市场压力的影响效果。

一、扩大人民币汇率弹性区间对外汇市场压力影响传导渠道

长期以来，我国人民币汇率形成机制改革始终遵循主动性、可控性与渐进性原则。特别是自 2005 年重大汇率制度改革以来，人民币汇率弹性逐步增强，人民币汇率浮动区间逐步扩大，市场化程度也逐渐加深。表 9-4 总结了人民币汇率弹性区间扩大的历次改革。

表 9-4　　　　　　　　人民币汇率弹性区间扩大的历次改革

改革时间	人民币兑美元汇率浮动区间（%）	具体规定
1994 年 1 月 1 日	0.3	实现汇率并轨，实行以市场供求为基础的，单一的，有管理的浮动汇率制
2007 年 5 月 21 日	0.5	人民币兑美元汇率的日波动区间从之前的较中间价上下浮动 0.5% 扩大至 1%
2012 年 4 月 16 日	1	自 2012 年 4 月 16 日起，银行间即期外汇市场人民币对美元交易价浮动幅度由 0.5% 扩大至 1%
2014 年 3 月 17 日	2	银行间即期外汇市场人民币兑美元交易价浮动幅度由 1% 扩大至 2%，即每日银行间即期外汇市场人民币兑美元的交易价可在中国外汇交易中心对外公布的当日人民币兑美元中间价上下 2% 的幅度内浮动

资料来源：作者根据中国人民银行网站资料整理而得。

我国人民币汇率形成机制改革一方面改变了我国外汇市场的交易规则，从而间接影响了人民币汇率的走势和波动，另一方面也在无形中影响着市场参与者对人民币汇率的预期。

对于扩大人民币汇率弹性区间这一改革政策来说，更富有弹性的人民币汇率使得市场参与者对人民币汇率的预期异质性增强，有助于减轻长期以来国际上对人民币汇率的单边升值预期，从而可以从源头减轻人民币升值压力。据此，本书提出如下假设：

假设9-1：人民币兑美元交易价浮动幅度扩大有利于减轻人民币升值压力。

下文将通过实证分析对此进行检验。

二、实证研究设计

根据前文的理论分析，构建如下实证模型：

$$EMP1_t = \alpha + \beta_1 CPI_t + \beta_2 Trade_t + \beta_3 d(Industry)_t + D_t + \varepsilon_t \qquad (9.3)$$

$$EMP2_t = \alpha + \beta_1 CPI_t + \beta_2 Trade_t + \beta_3 d(Industry)_t + D_t + \varepsilon_t \qquad (9.4)$$

$EMP1$ 是不含利差项的外汇市场压力指数，D 为汇率弹性区间改革的虚拟变量。考虑到金融危机的影响并为与前文实证分析相一致，本书采用 2008 年 1 月～2015 年 6 月的月度数据进行实证分析。由于 2008 年之后共进行了两次汇率区间改革，而 2014 年 3 月的改革距当前研究时点太近，因此选取 2012 年 4 月 16 日的汇率区间改革作为分界点，2012年 4 月之前虚拟变量 D 取 0，之后 D 取 1，检验 2012 年汇率弹性区间扩大以后至今，人民币升值压力是否明显减小。与前文实证分析一致，控制变量仍选取通货膨胀率（CPI）、贸易顺差（$Trade$）与工业增加值变化量（$d(Industry)$）。

为保证检验结果的准确性，建立方程（9.4）进行稳健性检验，其中 $EMP2$ 为包含利差项的外汇市场压力指数。

由于各个变量在前文均已通过平稳性检验，因此在此不做赘述。

三、实证结果分析

表 9-5 是人民币弹性区间改革对人民币外汇市场压力影响的回归结果。其中列（1）是使用 $EMP1$ 作为因变量的回归结果，列（2）为使用 $EMP2$ 作为因变量的稳健性检验结果。

表9－5　　　　　人民币弹性区间改革对人民币外汇市场压力影响的回归结果

变量	EMP1（1）	EMP2（稳健性检验）（2）
Constant	9.4198 *** (3.7115)	5.5489 (1.6623)
D	0.3329 *** (2.7408)	0.6726 *** (4.2100)
CPI	−0.0973 *** (−3.9759)	−0.0550 * (−1.7077)
Trade	2.05 (0.5601)	0.916 (0.1899)
d(*Industry*)	−0.0011 (−0.6364)	0.0002 (0.1031)
R^2	0.3051	0.2745
Prob(*F-Statistic*)	0	0

注：* 表示10%以下显著，** 表示5%以下显著，*** 表示1%以下显著；括号内为 t 值。

表9－5列（1）显示，汇率弹性区间改革虚拟变量的系数显著为正，从而说明2012年汇率区间扩大改革有利于减轻人民币升值压力。稳健性检验结果也支持这一结论。列（2）虚拟变量 D 的系数同样显著为正。因此，扩大人民币汇率弹性区间这一间接干预政策可以有效从源头减小长期以来的人民币升值压力，促使人民币汇率双向波动。

四、扩大汇率弹性区间的总体评价

实证分析显示，扩大人民币汇率弹性区间这一间接干预政策可以有效从源头减小长期以来的人民币升值压力。实际上，扩大弹性区间不仅有助于减小人民币单边升值或贬值预期，从而从源头减小不利的人民币外汇市场压力，而且也能够给央行的干预操作提供更加灵活的空间。

具体来说，在扩大汇率区间的过程中，中央银行依然是市场上最大的交易商，可以向市场传达其货币政策意图；同时，扩大汇率弹性区间之后，央行无须被动且没有选择地全部买入所有外汇头寸，而是可以在综合考虑自身资产组合、汇率波动、市场预期、宏观经济基本面等多种因素之后决定是否、何时、以什么规模进行外汇干预操作。因此，增强人民币汇率波动弹性能够提高央行干预的主动性和政策的有效性。韩国的经验也支持这一结论：韩国外汇制度自由化过程中，其外汇波动区间不断放宽，这不仅给韩国银行的外汇市场干预操作提供了一个缓冲期，也使得市场参与者对汇率水平逐渐达成共识（杨金梅，2007）。

同时，扩大人民币汇率弹性区间也有利于人民币汇率更加市场化。近年来国际社会指责人民币汇率市场化程度低、进行贸易保护的声音愈发增多，扩大人民币汇率弹性区间，增强人民币汇率的市场化程度，可以有效减轻人民币的外部政治压力。

因此，综合来看，央行间接干预，特别是逐步扩大汇率弹性区间的改革政策，是一种有效缓解不利的外汇市场压力、增强央行干预主动性和灵活性、提高汇率市场化程度的手段。

本 章 小 结

本章以外汇市场压力为基础，构建了央行直接干预指标，用以分析央行的不同干预操作是否有效吸收了人民币面临的外汇市场压力。本章首先分析了央行直接干预的效果。实证分析发现，央行大多直接干预操作以"吸收"已经产生的外汇市场压力为主，且干预力度较大，干预效果较好。但是，央行直接干预并不能从源头改变外汇市场压力的形成，因此，这种干预方式属于反应性干预，较为被动。在此基础上，本章对央行直接干预的收益与成本进行了分析，总的来看，适度的央行直接干预是弥补市场失灵、缓解不利的外汇市场压力、稳定金融和经济环境必不可少的手段，但是过度、频繁的外汇市场干预也存在诸多弊端，在日益开放的经济环境下，央行的直接干预、特别是冲销干预的效果变得越发有限、要达到良好的干预效果，需付出的成本也会相应上升。考虑到央行直接干预难以从源头上控制外汇市场压力来源且成本较高，因此，央行直接干预并不是最优的政策手段。在分析了央行直接干预效果之后，本章对央行间接干预效果进行了实证分析，特别关注了扩大人民币汇率弹性区间对人民币外汇市场压力的影响。实证分析显示，扩大人民币汇率弹性区间这一间接干预政策可以有效从源头减小长期以来的人民币升值压力，同时也能够给央行的干预操作提供更加灵活的空间。

第十章

央行政策选择建议

第一节　关于外汇干预的政策建议

一、建立健全监控预警机制，从源头识别外汇市场压力

人民币外汇市场压力由于具有隐蔽性、不易被及时觉察和应对，一旦在特定的时机下积聚并爆发，往往会给经济带来更大冲击，因此，应建立健全对人民币外汇市场压力的监控预警机制，从源头识别各类外汇市场压力，并针对不同压力的来源、特点、影响采取不同的应对策略。只有从源头把握引起汇率变动的因素，才能及时识别风险源。

在经济领域，宏观经济基础决定了汇率的基本走势，而微观投资者的外汇买卖使汇率频繁波动，因此，央行要了解各类经济因素对外汇市场压力的传导渠道以及它们之间的交互影响，加强对宏观经济变量的监测，例如，当国内出现通货膨胀时，往往会带来本国货币对外价值的下降，即带来人民币贬值压力，此时央行应综合权衡国内经济情况，决定是否采取措施应对人民币贬值压力。

在政治领域，根据本书研究，伴随着美国政治周期的变化，人民币的外汇市场压力也会产生周期性的变动，因此，央行应当正确认识人民币面临的外部政治压力，在"以我为主"进行汇率调控的同时，关注国际政治因素对人民币的影响规律，例如，针对美国政局的变动制定有差别的对策，在应对政治周期影响的同时注重同美国立法机构和执政党的对话与交流。只有如此，才能更有效、及时地处理中美两国在经贸、投资等方面出

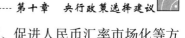

现的新问题，为人民币汇率更具弹性的改革、促进人民币汇率市场化等方面，营造更加稳定、有利的外部环境。

此外，我们不仅要分别识别影响外汇市场压力的各类因素，也要注重分析各类因素之间的相互关系，建立外汇市场压力预警网络，当单独干预存在困难时，应进行各部门甚至跨国联合干预。

二、及时修正干预目标

央行干预应理清长期目标与短期目标之间的关系，根据经济发展阶段及时修正干预目标，只有干预目标明确且正确，才能在合适的时机采取合适的干预政策。

从长远来看，实现促进内外经济均衡的合理汇率水平是央行外汇干预的最终目标，而实现人民币的独立性（成为周边货币参考的"名义锚"）和国际化是央行核心的经济政策。而从短期来看，央行所遵循的原则应当是解决当前最主要、最紧迫的经济冲突，维护经济的稳定与发展。

现实中，央行的长期目标与短期目标之间可能存在冲突，央行应当坚持的原则是，在长期目标的方向指引下，分段实现短期目标，通过短期目标的实现逐步最终达成长期目标。短期目标的设定应当以最终实现长期目标为依据，以解决当前经济发展的关键问题为首要任务，但可以允许对长期目标的暂时偏离。

具体来看，首先，央行需要在短期的经济增长速度和长期的经济增长质量之间进行权衡。如果一味要求快速转变经济增长方式、调整经济结构而不顾及短期经济形势，可能造成我国出口大幅下滑，带来经济衰退，反而不利于经济结构的顺利调整。其次，尽管我国长期以实现内外均衡为目标，但是短期内几乎没有任何一个经济体能够同时实现内部均衡与外部均衡，这时我们可以将实现内部均衡，或更缩小一步，将实现物价稳定或经济增长作为短期和中期目标，予以优先解决，再在此基础上调节国际收支，以最终实现长期目标。如果不分段进行，则面临无法实现最终目标的困境；而如果不将短期目标与长期目标相统一，选择了先调节外部均衡，后调节内部均衡，那么在没有国内健康发展的经济做支撑的条件下，即便实现了国际收支平衡，也无法予以维持，极易出现改革的反复甚至经济的衰退。

此外，在经济发展的不同阶段，央行应及时实现市场角色的转换。从短期到中期看，央行应在有效控制汇率风险的基础上，逐渐改变过去频繁

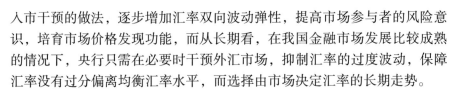

入市干预的做法，逐步增加汇率双向波动弹性，提高市场参与者的风险意识，培育市场价格发现功能，而从长期看，在我国金融市场发展比较成熟的情况下，央行只需在必要时干预外汇市场，抑制汇率的过度波动，保障汇率没有过分偏离均衡汇率水平，而选择由市场决定汇率的长期走势。

三、根据干预目标合理选择干预时机

要根据不同的干预目的选择恰当的干预时机进行干预。根据第八章的理论分析，央行干预的时机分为提前干预和反应性干预。提前干预的优点是先发制人，但可能增加市场的不确定性，引起不必要的市场波动。例如，当央行预期本币有较大的升值压力时，提前在外汇市场上卖出本币，如果这一操作被投资者或投机者过分解读，认为央行希望通过本币贬值刺激出口，从而形成贬值预期，那么可能会导致汇率从高点急速下降，带来汇率的大起大落，致使汇率波动超出经济承受范围，这反而不利于经济的稳定发展。而反应性干预则是央行根据市场发展视情况进行干预，这种干预由于更加灵活，且可以取得更快、更直接的效果，因此得到世界很多国家的普遍采用，但这种干预的缺点是难以提前规避前期已经出现的负面影响。

四、完善干预方式，合理选择干预工具

（一）创新直接干预工具

在人民币汇率形成机制日趋市场化、金融市场不断开放的情况下，央行进行外汇市场直接干预除采用传统的买卖外汇资产方式，还应当创新直接干预工具，以提高干预效率。例如，可以使用期货、互换、货币或利率掉期等金融衍生工具进行干预，并逐渐推出外汇期权等外汇衍生工具，或通过干预远期外汇市场影响即期汇率，实现在岸与离岸汇率的紧密互动。

在冲销干预方面，我国央行为将市场上投放的多余货币进行回收，已经采用的冲销手段包括：回收再贷款、发行央行票据和提高央行的存款准备金率等。尽管目前的冲销取得了一定效果，但随着我国外汇市场规模的扩大，传统的冲销干预政策发挥的作用越发有限。因此，央行应进一步完善冲销手段，提升公开市场操作业务水平、实现差别准备金率、创新衍生产品、加强银行头寸管理等，选择最有效的干预工具进行冲销干预。

（二）增强央行干预政策的信誉

根据美国、欧盟、日本、韩国等国的国际经验，央行间接干预手段中的"汇率沟通"对引导汇率走向发挥着非常重要的作用，因此，我国央行应重视汇率沟通的作用，通过在恰当时机向市场传达央行对市场的观点或发布相关信息，引导投资者的汇率预期。

在汇率沟通中，央行的信誉非常重要。如果央行的传达的信息不能为投资者所相信，那么汇率沟通的效果将大大削弱。因此，一方面，央行应更注重政策调节的连续性和一致性，向市场传递可靠的干预意图，另一方面，也应注意使用汇率沟通方法的频率，因为如果频繁使用这一方法，会削弱市场对其的敏感度，从而降低其在市场中发挥的作用。

（三）引入多层次市场主体间接干预外汇市场

我国央行大规模的直接干预不仅不利于汇率市场化程度的提高和交易效率的提升，而且会引发国际舆论压力，因此，央行可以通过机制设计引入多层次市场主体代理央行进行操作。例如，美国、日本、韩国等国央行都可以通过某些特定的商业银行代理央行在外汇市场上进行买卖操作，这样不仅保证了外汇干预的秘密性，而且干预成本也较单纯的直接干预要低。因此，央行可以通过影响商业银行等金融机构的交易行为来对外汇市场进行间接干预。

（四）逐步扩大人民币汇率弹性区间，推动人民币汇率市场化改革

根据第九章的实证分析，扩大人民币汇率弹性区间这一间接干预政策可以有效增强汇率双向波动，从源头减小长期以来的人民币单边升值压力，因此，应继续推进扩大人民币汇率弹性区间改革，推进人民币汇率市场化改革。

第二节 关于政策搭配的政策建议

一、直接干预政策与间接干预政策相配合

我国央行长期以来更多地采用直接干预政策对外汇市场进行调控，我

国央行的外汇干预对推动对外贸易健康发展，促进经济增长和产业结构调整，减小投机交易和汇率波动风险，防范金融风险等起到了重要作用。但是，央行长期直接、高频的干预给经济也带来了一系列问题，不仅不符合国际通行的市场化经济原则，增加了国际贸易摩擦，而且导致外汇储备大量积累，持有外汇储备的成本增加。随着我国高水平开放的推进，央行为维持汇率稳定的干预操作还会影响货币政策的独立性。当前，我国央行如果要加大直接干预力度，那么必然面临着干预成本上升、干预效率下降、冲销手段不足的问题。

而与直接干预相比，间接干预政策虽不能直接作用于汇率的变化，但间接干预政策更加隐蔽、影响范围更广、成本更加低廉，合适的间接干预政策不仅可以使汇率向目标方向移动，而且可以达到"不战以屈人之兵"的效果。具体而言，一是可以过舆论引导或口头性的"窗口指导"表明央行干预意图，引导市场参与者的预期，进而影响其外汇买卖行为，从而实现外汇市场和汇率的稳定；二是应继续扩大汇率弹性区间，改变市场参与者对人民币的单边升值或贬值预期，从而达到间接调控汇率的效果；三是可以出台相关金融市场改革法律法规，完善金融市场的深度与广度，增强其市场化程度，为外汇市场发展提供更加健康的土壤。

总的来看，央行既要继续在审慎监管、防范风险上进行直接干预，又要考虑到央行直接干预成本，适度为之，并与间接干预政策配合使用，以达到低成本、高效率调控外汇市场、促进经济均衡发展的目标。

二、对外开放政策与汇率政策相协调

我国央行在进行外汇市场干预时，应关注我国高水平对外开放政策对人民币外汇市场压力的影响，选择合适的汇率政策，在高水平、全方位开放进程中促进外汇市场、金融市场乃至国民经济的健康发展。

具体而言，人民币国际化是我国重要的开放战略，人民币加入特别提款权（SDR）让人民币国际化进程大大加速。根据本书的分析结果，人民币国际化加速会增加人民币升值压力，促进人民币最终成为强势货币，因此央行的汇率政策应顺应这一趋势，在长期保证人民币币值的坚挺。但是，由于人民币升值过快或升值幅度过大在短期内可能非但不利于经济增长，而且可能会损害人民币国际化的发展，因此，央行应注重人民币国际化速度与汇率政策的协调，通过汇率市场化改革，完善金融市场，促进经济平衡发展，从根本上增强人民币的吸引力。

　　我国高水平对外开放与人民币国际化的发展也要求资本账户进一步开放。从国际经济的长期发展趋势来看，资本的长期管制不仅会带来价格的扭曲、效率的降低和腐败的出现，而且会对经济的长期发展带来负面效应，因此，资金的自由流动与管制的放松是大势所趋。但是，由于我国目前经济发展质量较低，金融体系尚不成熟，如果完全放弃对跨境资金监管，不仅会威胁经济发展，也会使央行丧失重要的间接干预手段，因此，我国资本账户开放应当分步、渐进地进行，可以考虑征收托宾税或实施资本市场准入配额，从价格或数量两个方面控制资本账户开放的步骤，防范资本账户开放不当带来的金融风险。同时，根据前文的实证分析，在目前我国经济情况向好、国内利率相对较高的环境下，提高资本账户开放程度会导致国外资金的流入大于流出，从而给人民币带来短期升值压力，因此，央行应在控制资本账户开放速度的过程中考虑这种升值压力转化为实际升值的可能性，根据经济发展阶段决定是否进行外汇干预，以及是否需要将汇率政策与其他货币政策（如利率政策）搭配使用，在日益开放的环境下从容不迫地进行外汇市场管理。

附录

美国政治周期对人民币汇率影响的实证分析[①]

回顾理论模型的分析，可以得出如下结论：

总统执政年（D1）人民币的升值最小，国会执政年（D3）人民币的升值最大。

根据这一结论，能够直接推出如下假设：

假设1：美国政治周期对人民币升值率变化存在显著影响，第一年（D1）中人民币的升值率显著降低，第三年（D3）中则显著增大。

但即使假设1成立，也不能完全证明本书模型结论的正确性。因为美国的财政政策和货币政策也可能会对人民币汇率产生影响，从而存在美国政治周期对人民币汇率的影响是通过其财政政策和货币政策而产生的这样一种可能。为证明美国政治周期对人民币汇率存在着短期影响，并且这种年度的短期影响主要受资本途径传导和政府调控的控制，与美国的经济政策并无直接联系。对此，提出如下假设：

假设2：美国政治周期不是通过财政政策和货币政策间接传递其影响，而是对人民币汇率的短期波动有着直接影响。

后续实证分析的目的即是对上述两个假设进行验证。

（一）数据说明

考虑到中国1994年进行了汇率制度的重大改革，人民币官方汇率与市场价格并轨，实行以外汇市场供求为基础的、单一的、有管理的浮动汇率制，并且由于1994年以后中国经济快速发展，美国对华贸易关注度逐渐提高，因此本书采用数据的起始点为1994年，国内部分学者，例如白钦先和张志文（2011）、胡德宝和苏基溶（2013）、周先平和李标（2013）等也以这一年作为分析起点。文中所有变量均采用为1994年1月~2013年9月的月度数据，共计得到样本237个。

[①] 该部分内容发表于《管理世界》2015年第4期。

本书的外汇相关数据由作者根据国家外汇管理局和中国人民银行的相关资料手工计算并整理取得，其他数据均来自于 CEIC 全球经济数据库和 CEIC 中国经济数据库。其中美国再贴现率为作者根据 CEIC 全球经济数据库自行整理取得。

（二）实证模型与变量说明

1. 实证模型

福斯特和施米茨（Foerster and Schmitz，1997）通过设定政治周期的年份虚拟变量，利用月度数据对政治周期对经济的影响进行了分析研究，参考这一方法，本书设定美国政治周期这一虚拟变量，构造如下基本检验模型：

$$\ln er_t = \alpha + \beta_1 d(R_t) + \beta_2 d(INF_t) + \beta_3 d(RESERVE_t) + \\ \beta_4 ELECT1_t + \beta_5 S_t + \varepsilon_t \tag{1}$$

$$\ln er_t = \alpha + \beta_1 d(R_t) + \beta_2 d(INF_t) + \beta_3 d(RESERVE_t) + \\ \beta_4 ELECT3_t + \beta_5 S_t + \varepsilon_t \tag{2}$$

$$\ln er_t = \alpha + \beta_1 d(R_t) + \beta_2 d(INF_t) + \beta_3 d(RESERVE_t) + \beta_4 d(GOV_t) + \\ \beta_5 d(USM2_t) + \beta_6 ELECT1_t + \beta_7 S_t + \varepsilon_t \tag{3}$$

$$\ln er_t = \alpha + \beta_1 d(R_t) + \beta_2 d(INF_t) + \beta_3 d(RESERVE_t) + \beta_4 d(GOV_t) + \\ \beta_5 d(USM2_t) + \beta_6 ELECT3_t + \beta_7 S_t + \varepsilon_t \tag{4}$$

其中，方程（1）和方程（2）用于检验假设 1，方程（3）和方程（4）用于检验假设 2。

2. 变量说明

在各方程中，$lner$ 表示人民币兑美元升值率，α 为截距项，$d(GOV)$ 和 $d(USM2)$ 分别为美国财政政策和货币政策的代理变量，$ELECT1$ 和 $ELECT3$ 为美国政治周期虚拟变量，$d(R)$、$d(INF)$、$d(RESERVE)$ 和 S 依次表示中美利差变化量、中美通货膨胀率差异变化量、中国外汇储备增长率和制度变革虚拟变量，用以控制其他因素对人民币汇率的影响。其中值得说明的有以下两点。

（1）本书沿用模型分析中对美国政治周期划分，以总统大选当年的 11 月至第二年 10 月为政治周期的第 1 年，第 2 年从接下来的 11 月至次年 10 月，依此类推。在美国四年一轮的政治周期里，$ELECT1$ 在第 1 年取 1，其他年份取 0；$ELECT3$ 在第 3 年取 1，其他年份取 0。

（2）本书选取中美利差变化量（$d(R)$）、中美通货膨胀率差异变化量

（$d(INF)$）、中国外汇储备增长率（$d(RESERVE)$）和制度变革虚拟变量（S）四个变量作为人民币汇率变动控制变量的原因如下：

首先，从理论上看，在资本安全性与流动性不变时，利率的高低会使国际短期资本发生流动，进而影响汇率，当中美利差扩大时（设美国利率降低），海外资金涌入中国会在短期内对人民币形成升值压力。奚君羊和谭文（2004）就货币供应量、国内生产总值和实际利率对人民币汇率的影响进行的实证检验支持这一结论，结果显示实际利率上升会引起人民币汇率的上浮。而谷宇和高铁梅等（2008）则通过建立包含中美利差和体制转型因素在内的人民币汇率行为均衡汇率模型，发现中美利差在长期内导致人民币汇率贬值，但在短期内表现为显著的正向冲击，中美利差对人民币汇率的影响显著。因此，有必要对这一因素加以控制。

其次，现有研究表明，通货膨胀是影响汇率变动的一个主要而又有规律性的因素。朱孟楠和赵茜（2012）指出，汇率与国内物价水平紧密相关，多数情况下货币对内贬值必然引起对外贬值。左相国和唐彬文（2008）通过多元回归与预测得出，通货膨胀率与人民币汇率有较强的相关性。贺昌政和任佩瑜等（2004）运用自组织数据挖掘方法分析后也发现，在 1997～2002 年，消费者价格指数是影响人民币实际汇率的最主要因素，且二者的运动方向是相反的。这些都表明通货膨胀对于汇率有着显著影响，应该加以控制。

再次，一般情况下，一国外汇储备充足，该国货币汇率往往会趋于上升，反之则反是。而中国外汇储备的增长在一定程度上反映了贸易顺差带来的人民币需求量上升问题，从而带来人民币升值压力。易纲（1997）认为除去物价水平、通货膨胀率差、利差这些因素以外，官方储备也会对人民币汇率产生影响。孙音（2010）也通过多元回归方法检验得出，中短期内影响中国汇率的最主要因素是外汇储备额。因此，本书也将这一变量作为控制变量加入模型之中。

最后，中国于 2005 年和 2010 年进行了两次比较重要的汇率制度改革，因此有必要加入制度变革虚拟变量用以控制这种变化的影响。但同 2005 年相比，2010 年的改革仅是对 2005 年改革的进一步完善，因此本书只考虑 2005 年变革的影响，设置反映截距漂移的虚拟变量 $S_t = \begin{cases} 1, & t < 2005\ 年7月 \\ 0, & t \geqslant 2005\ 年7月 \end{cases}$ 对其进行控制。

模型中各变量的具体定义、计算方法及资料来源详见表1。

表1   变量定义与计算方法

变量类型	变量名称	变量符号	变量描述
被解释变量	人民币兑美元升值率	lner	人民币兑美元汇率对数收益率
解释变量	中美利差变化量	$d(R)$	利差 R：中国存款准备金利率 – 美国再贴现率 $d(R_t) = R_t - R_{t-1}$
	中美通货膨胀率差异变化量	$d(INF)$	INF：中美通货膨胀率之差 $d(INF_t) = INF_t - INF_{t-1}$
	中国外汇储备增长率	$d(RESERVE)$	$RESERVE$：外汇储备累计额的对数 $d(RESERVE_t) = RESERVE_t - RESERVE_{t-1}$
	美国联邦政府支出变化率	$d(GOV)$	GOV：美国每月联邦政府支出的对数 $d(GOV_t) = GOV_t - GOV_{t-1}$
	美国调整后的货币供应量 M2 变化率	$d(USM2)$	$USM2$：美国 $M2$ 的对数 $d(USM2_t) = USM2_t - USM2_{t-1}$

3. 模型说明

在方程（1）和方程（2）中，如果控制其他影响人民币汇率的关键变量后，美国政治周期对人民币兑美元汇率升值率的影响显著，那么 E-LECT1 的系数应显著为正，表明政治周期的第一年中，人民币的升值压力会有效缓解，而 ELECT3 的系数则应显著为负，表明政治周期第三年中，人民币汇率的升值压力显著增大。

在方程（3）和方程（4）中，如果人民币升值率的规律性变化与政治周期有关而与美国的财政政策和货币政策无关，那么这两个政策的代理变量在方程中不会显著，但 $ELECT1_t$ 和 $ELECT3_t$ 的系数仍应显著，且同方程（1）和方程（2）相比，系数符号不变。

（三）实证结果分析

1. 描述性统计

为直观地了解人民币升值率在美国大选周期中的表现情况，本书首先对人民币汇率升值率进行描述性统计分析，统计结果如表 2 所示。其中列（1）列示了人民币升值率在 1994 ~ 2013 年的总体情况（负号表示升值，下同），列（2）~列（5）分别列示了人民币升值率在美国大选周期 D1、

D2、D3、D4 中的基本情况。由表 2 可以发现，人民币在 D1 中年平均升值 1.01%，升值率是美国政治周期中最低的，而在 D3 中年平均升值达到 2.5259%，为周期中最高，这不仅与理论模型的结论相一致，也与本书假设 1 的预期相符。

表 2　　　　　　　　人民币兑美元年升值率的描述性统计结果

项目	All	D1	D2	D3	D4
	(1)	(2)	(3)	(4)	(5)
均值	−1.7138%	−1.01%	−1.1699%	−2.5259%	−2.0406%
标准差	0.024898	0.012667	0.013102	0.025217	0.040955
最大值	0.0133%	−0.021%	0.00121%	−0.00242%	0.0133%
最小值	−9.35%	−2.495%	−2.323%	−5.221%	−9.35%

其次，本研究用表 3 及表 4 列示了人民币升值率的均值检验结果，为避免样本不足带来的影响，这里的检验使用了人民币升值率的月度数据。其中，表 3 列示了 D1 中人民币月均升值率相对于其他年份的相等性检验结果。结果显示，D1 中人民币平均每月升值率显著低于其他年份。

表 3　　　　　　D1 中人民币升值率与其他年份的相等性检验结果

项目	均值	标准差
D1 中月平均升值率	−0.0856%	0.0025
其他年份月平均升值率	−0.1638%	0.0032
t 值	1.7187 *	—
F 值	—	1.5961 **
p 值	0.087	0.0229

注：** 表示在 5% 的水平下显著，* 表示在 10% 的水平下显著。

同理，表 4 列示了 D3 中人民币月均升值率相对于其他年份的相等性检验结果，结果显示，D3 中人民币月均升值率显著高于其他年份。

表4　　　　　　　D3 中人民币升值率与其他年份的相等性检验结果

项目	均值	标准差
D3 月平均升值率	−0.2105%	0.0028
其他年份月平均升值率	−0.0847%	0.0025
t 值	−2.0198**	—
F 值	—	1.1865
p 值	0.0446	0.4008

注：** 表示在 5% 的水平下显著，* 表示在 10% 的水平下显著。

注意到 D1 的人民币升值率最低，这从直观上说明了美国总统不会完全满足利益集团对人民币升值的全部要求，而 D3 的人民币升值率最高则说明了国会对人民币汇率的影响更加有效，议员上任后为履行其对利益集团的承诺、采取了实际行动。因此，描述性统计结果显示，美国四年一次的政治周期可能会导致人民币升值率呈现周期性变化的态势，这也与本书假设 1 的预期相符。

2. ADF 单位根检验

在做回归方程之前，为避免时间序列不平稳带来的方程伪回归问题，首先对各时间序列变量做 ADF 单位根检验（Augmented Dickey – Fuller Test），检验结果如表 5 所示，所选变量均为平稳序列。

表5　　　　　　　　　　ADF 单位根检验结果

变量	ADF 统计值	1% 临界值	5% 临界值	10% 临界值	P 值	结果
lner	−4.3813	−3.4583	−2.8737	−2.5734	0.0004	平稳
$d(R)$	−12.4532	−3.4582	−2.8737	−2.5733	0.0000	平稳
$d(INF)$	−4.6749	−3.4596	−2.8743	−2.5737	0.0001	平稳
$d(RESERVE)$	−4.1352	−3.4585	−2.8738	−2.5734	0.0010	平稳
$d(GOV)$	−8.8745	−3.4595	−2.8743	−2.5736	0.0000	平稳
$d(USM2)$	−6.7263	−3.4586	−2.8739	−2.5734	0.0000	平稳

3. 回归结果分析

表 6 中列（1）和列（2）报告了假设 1 的检验结果。从中可以看出，在美国总统上任后的第一年中，人民币的升值率显著减弱，而在中期选举

后国会换届的第一年，人民币的升值率却显著增强，这表明美国选举期和非选举期交替形成的政治周期确实对人民币的汇率变动有显著影响。这一结论不仅符合本书假设 1 的预期，同时也与刘涛和周继忠（2011）得出的"美国立法部门比政府部门对人民币汇率升值的施压效果更为显著"的结论相一致。

表 6 中列（3）和列（4）报告了考虑美国货币政策与财政政策后，美国政治周期对人民币汇率变动影响的回归结果。同假设 1 的回归结果相比，$ECLECT1$ 和 $ELECT3$ 的系数符号及显著性均未发生改变，这说明美国政治周期的外溢效应仍然显著。同时，$d(GOV)$ 和 $d(USM2)$ 的系数均不显著，这表明美国政治周期对人民币汇率的短期影响与美国的经济政策并无直接联系，而主要受资本途径传导和政府调控的控制。这一结论与本研究假设 2 的预期相符，从而说明政治周期对人民币汇率有着显著的直接影响。

表 6　　　　美国政治周期对人民币兑美元升值率影响的回归结果

变量	政治周期的外溢效应		考虑财政、货币政策后的外溢效应	
	(1)	(2)	(3)	(4)
$Constant$	− 0.002565 *** (− 8.0613)	− 0.002090 *** (− 6.4642)	− 0.002354 *** (− 5.6794)	− 0.001900 *** (− 4.5406)
$d(R)$	− 0.000821 (− 1.4795)	− 0.000948 (− 1.6068)	− 0.000739 (− 1.3098)	− 0.000853 (− 1.4062)
$d(INF)$	0.008519 (0.3824)	0.001729 (0.0768)	0.008580 (0.3835)	0.002004 (0.0885)
$d(RESERVE)$	− 0.039091 *** (− 4.3547)	− 0.037944 *** (− 4.1510)	− 0.040432 *** (− 4.4163)	− 0.039330 *** (− 4.1961)
$d(GOV)$	—	—	0.000439 (0.4580)	0.000146 (0.1416)
$d(USM2)$	—	—	− 0.037757 (− 0.8045)	− 0.034671 (− 0.7227)
$ELECT1$	0.000983 ** (2.4973)	—	0.000996 ** (2.5233)	—

续表

变量	政治周期的外溢效应		考虑财政、货币政策后的外溢效应	
	(1)	(2)	(3)	(4)
ELECT3	—	−0.000717* (−1.8055)	—	−0.000691* (−1.7273)
S	0.002816*** (7.8872)	0.002720*** (7.4590)	0.002810*** (7.8493)	0.002721*** (7.4375)
R^2	0.2611	0.2581	0.2639	0.2599

注：*表示10%以下显著，**表示5%以下显著，***表示1%以下显著；括号内为 t 值。

（四）进一步研究

上文的实证结果表明，美国的政治周期对人民币汇率短期波动有显著影响，并且这种影响与美国的经济政策并无直接联系。但除去经济层面的考察，还有必要从政治层面对政治周期外溢效应加以考察，以进一步明晰前述模型对政治周期外溢效应的分析。为此，本研究主要选取了美国的"府院之争"和政党轮替加以进一步分析。

1. 总统与国会的党派一致性对政治周期外溢效应的影响

在美国，总统府和参议院的"府院之争"历来是政治生活的主题。一旦某一政党同时控制了总统府和参议院，不仅其协调成本会显著下降，而且其执政纲领会趋于一致。那么，总统与国会的这种"党派一致性"是否会显著改变美国政治对人民币汇率的周期性影响呢？本研究认为，虽然根据理论模型的推论，国会议员和总统出于不同的考虑会对人民币汇率采取不同的态度，但在"党派一致性"的情况下，参议院和总统会倾向于相互配合，抑制个体行为，以保证政策的连续性和国内经济的稳定性，从而平缓政治周期，使得其外溢效应的显著性变差。鉴此，本研究构造如下两个模型对这一问题进行检验：

$$\ln er_t = \alpha + \beta_1 d(R_t) + \beta_2 d(INF_t) + \beta_3 d(RESERVE_t) + \beta_4 ELECT1_t + \beta_5 S_t + \beta_6 CP_t + \varepsilon_t \tag{5}$$

$$\ln er_t = \alpha + \beta_1 d(R_t) + \beta_2 d(INF_t) + \beta_3 d(RESERVE_t) + \beta_4 ELECT3_t + \beta_5 S_t + \beta_6 CP_t + \varepsilon_t \tag{6}$$

其中，CP 为"党派一致性"的虚拟变量，当总统为参议院多数党成员时取1，否则取0，其他变量的设置与方程（1）和方程（2）相同。我们预期 $ELECT1$ 和 $ELECT3$ 的系数在方程（5）和方程（6）中不再显著。

表7中的列（5）和列（6）报告了"党派一致性"对政治周期外溢效应的影响。可以发现，虚拟变量 *CP* 的系数虽然显著，但无论是 *ECLECT*1 还是 *ELECT*3 的系数均不再显著。这说明，"党派一致性"是决定政治周期外溢效应是否显著的一个重要因素。当总统属于参议院多数党时，由于二者协调成本降低，政策的连续性增强，因而美国政治的周期性特点不再明显，其外溢效应也因此而显著减弱。

表7　　　　　　　　美国政党对政治周期外溢效应影响的回归结果

变量	党派一致性影响的回归结果		执政党派别影响的回归结果	
	（5）	（6）	（7）	（8）
Constant	− 0. 003644 *** （− 9. 0230）	− 0. 003271 *** （− 8. 0104）	− 0. 002507 *** （− 7. 3730）	− 0. 002133 *** （− 6. 3207）
d（*R*）	− 0. 000793 （− 1. 4714）	− 0. 000445 （− 0. 8241）	− 0. 000384 （− 0. 6689）	− 0. 000285 （− 0. 4958）
d（*INF*）	− 0. 008782 （− 0. 3962）	− 0. 007718 （− 0. 3535）	0. 021406 （0. 9473）	0. 017529 （0. 7676）
d（*RESERVE*）	− 0. 040672 *** （− 4. 6189）	− 0. 035645 *** （− 4. 0176）	− 0. 030997 *** （− 3. 2912）	− 0. 027941 *** （− 2. 9287）
*ELECT*1	0. 000568 （1. 4431）	—	0. 000926 ** （2. 3741）	—
*ELECT*3	—	− 0. 000257 （− 0. 6620）	—	− 0. 000681 * （− 1. 7270）
S	0. 002754 *** （4. 7642）	0. 003313 *** （9. 3005）	0. 001799 *** （2. 8757）	0. 001730 *** （2. 7553）
CONG	—	—	0. 001310 ** （1. 9959）	0. 001356 ** （2. 0558）
PRES	—	—	− 0. 000976 ** （− 2. 4069）	− 0. 001022 ** （− 2. 5081）
CP	0. 001500 *** （4. 0567）	0. 001867 *** （4. 9751）	—	—
R^2	0. 3141	0. 3336	0. 2827	0. 2744

　　注：＊表示10%以下显著，＊＊表示5%以下显著，＊＊＊表示1%以下显著；括号内为 *t* 值。

2. 执政党类别对政治周期外溢效应的影响

值得注意的是，上文的实证结果在说明"党派一致性"能够对政治周期的外溢效应起到显著削弱作用的同时，也带来这样一种疑问，即政治周期对汇率的这种影响是否会因总统或国会的党派类别而发生改变，即美国的政党轮替是否会制约政治周期外溢效应的影响。为此，本书考察了美国政党体系与政治周期外溢效应的关系，通过构造如下两个模型对这一问题进行检验：

$$\ln er_t = \alpha + \beta_1 d(R_t) + \beta_2 d(INF_t) + \beta_3 d(RESERVE_t) + \beta_4 ELECT1_t +$$
$$\beta_5 S_t + \beta_6 PRES_t + \beta_7 CONG_t + \varepsilon_t \tag{7}$$
$$\ln er_t = \alpha + \beta_1 d(R_t) + \beta_2 d(INF_t) + \beta_3 d(RESERVE_t) + \beta_4 ELECT3_t +$$
$$\beta_5 S_t + \beta_6 PRES_t + \beta_7 CONG_t + \varepsilon_t \tag{8}$$

其中，$PRES$ 为总统所属党派的虚拟变量，$CONG$ 为代表国会主导党派的虚拟变量，当总统为共和党人时，$PRES$ 取 1，民主党人时则取 0；当国会参议院的多数党为共和党时，$CONG$ 取 1，否则取 0。由于总统与国会是美国制定并通过国家政策的关键机构，因此设立 $PRES$ 和 $CONG$ 两个变量以考虑政党体系的影响。值得说明的是，以参议院多数党来度量国会主导党派是因为：第一，从历史上看，美国历次中期选举中，执政党几乎都会丧失部分众议院议席，众议院的变动更为频繁，不能一贯地执行多数党的政治意愿；第二，根据美国国会的议事规则，控制参议院的党派不仅能够否决，而且可以搁浅众议院的提案，因此可以更有效地主导国会的政治走向。鉴于模型中其他变量的含义与前文相同，故在此不再赘述。

表 7 中的列（7）和列（8）报告了考虑执政党派别因素后，政治周期对人民币汇率变动的影响。从中可以看出，尽管 $CONG$ 和 $PRES$ 的系数均显著，但 $ELECT1$ 和 $ELECT3$ 的系数同样显著，并且与表 6 的结果相比，系数的符号也未发生改变。这说明，美国政治周期的外溢效应不因执政党类别的影响而发生改变。

综合上述分析可知，虽然总统与国会同属同一政党时，美国政治周期的外溢效应会因总统与国会倾向于保持政策一致而显著减弱，但其对人民币汇率波动的外溢效应却不会因总统和国会的党派类别差异而发生改变。

参 考 文 献

［1］ Girton L. , Roper D. , A Monetary Model of Exchange Market Pressure Applied to The Postwar Canadian Experience. *The American Economic Review*, Vol. 67, No. 4, 1977, pp. 537 – 548.

［2］ Weymark D. N. , A General Approach to Measuring Exchange Market Pressure. *Oxford Economic Papers*, Vol. 50, No. 1, 1998, pp. 106 – 121.

［3］ Tanner E. , Exchange Market Pressure, Currency Crises, and Monetary Policy: Additional Evidence from Emerging Markets, *SSRN Research Paper Series*, 2002.

［4］ Gochoco – Bautista M. S. , Bautista C. C. , Monetary Policy and Exchange Market Pressure: The Case of the Philippines. *Journal of Macroeconomics*, Vol. 27, No. 1, 2005, pp. 153 – 168.

［5］ Panday A. , Impact of Monetary Policy on Exchange Market Pressure: the Case of Nepal. *Journal of Asian Economics*, Vol. 37, 2015, pp. 59 – 71.

［6］ Fiador V. O. , Biekpe N. , Monetary Policy and Exchange Market Pressure – Evidence from Sub – Saharan Africa. *Applied Economics*, Vol. 47, No. 37, 2015, pp. 3921 – 3937.

［7］ 齐晓楠、成思危、汪寿阳、李自然:《美联储量化宽松政策对中国经济和人民币汇率的影响》,载《管理评论》2013 年第 5 期。

［8］ Bubula A. , Otker – Robe I. , Are Pegged and Intermediate Exchange Rate Regimes More Crisis Prone? *IMF Working Paper*, No. 3 – 223, 2003.

［9］ Gong S. C. , Lee T. P. , Chen Y. M. , Crisis Transmission: Some Evidence from the Asian Financial Crisis. *International Review of Financial Analysis*, Vol. 13, No. 4, 2004, pp. 463 – 478.

［10］ Angkinand A. , Chiu E. M. P. , Willett T. D. , Testing the Unstable Middle and Two Corners Hypotheses about Exchange Rate Regimes. *Open Economies Review*, Vol. 20, No. 1, 2009, pp. 61 – 83.

〔11〕 Chiu E. M. P. , Willett T. D. , The Interactions of Strength of Governments and Alternative Exchange Rate Regimes in Avoiding Currency Crises. *International Studies Quarterly*, Vol. 53, No. 4, 2009, pp. 1001 – 1025.

〔12〕 Feldkircher M. , Horvath R. , Rusnak M. , Exchange Market Pressures During the Financial Crisis: A Bayesian Model Averaging Evidence. *Journal of International Money and Finance*, Vol. 40, 2014, pp. 21 – 41.

〔13〕 刘莉亚、任若恩:《银行危机与货币危机共生性关系的实证研究》,载《经济研究》2003 年第 10 期。

〔14〕 靳玉英、周兵、张志栋:《新兴市场国家外汇市场压力吸收方式的比较研究》,载《世界经济》2013 年第 3 期。

〔15〕 Eichengreen B. , Rose A. K. , Wyplosz C. , Contagious Currency Crises. *NBER Working Paper*, No. w5681, 1996.

〔16〕 Van Poeck A. , Vanneste J. , Veiner M. , Exchange Rate Regimes and Exchange Market Pressure in the New EU Member States. *Journal of Common Market Studies*, Vol. 45, No. 2, 2007, pp. 459 – 485.

〔17〕 Klaassen F. J. G. M. , Jager H. , Model – Free Measurement of Exchange Market Pressure. *SSRN Research Paper Series*, No. 954890, 2006.

〔18〕 Klaassen F. , Jager H. , Definition – Consistent Measurement of Exchange Market Pressure. *Journal of International Money and Finance*, Vol. 30, No. 1, 2011, pp. 74 – 95.

〔19〕 Hegerty S. W. , Exchange Market Pressure, Commodity Prices, and Contagion in Latin America. *The Journal of International Trade & Economic Development*, Vol. 23, No. 1, 2014, pp. 56 – 77.

〔20〕 Kaminsky G. L. , Reinhart C. M. , The Twin Crises: the Causes of Banking and Balance-of-Payments Problems. *The American Economic Review*, Vol. 89, No. 3, Jun. , 1999, pp. 473 – 500.

〔21〕 Fiess N. , Shankar R. , Determinants of Exchange Rate Regime Switching. *Journal of International Money and Finance*, Vol. 28, No. 1, 2009, pp. 68 – 98.

〔22〕 Erten B. , Ocampo J. A. , Super Cycles of Commodity Prices Since the Mid – Nineteenth Century. *World Development*, Vol. 44, 2013, pp. 14 – 30.

〔23〕 Neely C. Central Bank Authorities' Beliefs about Foreign Exchange Intervention. *Journal of International Money and Finance*, Vol. 27, No. 1,

2008, pp. 1 – 25.

[24] Mihaljek D. , Survey of Central Banks' Views on Effects of Intervention. *Bank for International Settlements*, Vol. 24, 2005, pp. 82 – 96.

[25] Miyajima K. , Montoro C. , Impact of Foreign Exchange Interventions on Exchange Rate Expectations. *BIS Papers Chapters*, 2013, pp. 39 – 54.

[26] Rossini R. , Quispe Z. , Rodríguez D. , Capital Flows, Monetary Policy and Forex Intervention in Peru. *BIS Background Papers*, Vol. 57, 2011, pp. 261 – 274.

[27] Humala A. , Rodríguez G. , Foreign Exchange Intervention and Exchange Rate Volatility in Peru. *Applied Economics Letters*, Vol. 17, No. 15, 2010, pp. 1485 – 1491.

[28] Baillie R. , Humpage O. F. , Post – Louvre Intervention: Did Target Zones Stabilize the Dollar? . *Federal Reserve Bank of Cleveland*, No. 9203, 1992.

[29] Connolly R. , Taylor W. , Volume and Intervention Effects on Yen/Dollar Exchange Rate Volatility, 1977 – 1979. *Advances in Financial Planning and Forecasting*, Vol. 5, 1994, pp. 181 – 200.

[30] Frenkel M. , Pierdzioch C. , Stadtmann G. , The Effects of Japanese Foreign Exchange Market Interventions on the Yen/US Dollar Exchange Rate Volatility. *International Review of Economics & Finance*, Vol. 14, No. 1, 2005, pp. 27 – 39.

[31] 丁剑平、俞君钛、张景煜：《从外汇市场微观结构视角看中央银行入市交易效果》，载《管理世界》2006 年第 7 期。

[32] 卜永祥：《人民币汇率变动对国内物价水平的影响》，载《金融研究》2001 年第 3 期。

[33] 朱孟楠、刘林：《中国外汇市场干预有效性的实证研究》，载《国际金融研究》2010 年第 1 期。

[34] Aizenman J. , Lee J. , Sushko V. , From the Great Moderation to the Global Crisis: Exchange Market Pressure in the 2000s. *Open Economies Review*, Vol. 23, No. 4, 2012, pp. 597 – 621.

[35] Akram G. M. , Byrne J. P. , Foreign Exchange Market Pressure and Capital Controls. *Journal of International Financial Markets*, *Institutions and Money*, Vol. 37, No. C, 2015, pp. 42 – 53.

［36］郭立甫:《国外汇市场压力的测算及影响因素研究——基于 MIMIC 模型》,载《国际金融研究》2014 年第 1 期。

［37］周兵、靳玉英、张志栋:《新兴市场国家外汇市场压力影响因素研究》,载《国际金融研究》2012 年第 5 期。

［38］Ersoy I. , The Role of Private Capital Inflows and the Exchange Market Pressure On Real Exchange Rate Appreciation: the Case of Turkey. *South African Journal of Economics*, Vol. 81, No. 1, 2013, pp. 35 – 51.

［39］Hegerty S. W. , Capital Inflows, Exchange Market Pressure, and Credit Growth in Four Transition Economies with Fixed Exchange Rates. *Economic Systems*, Vol. 33, No. 2, 2009, pp. 155 – 167.

［40］朱孟楠、陈欣铭:《外汇市场压力,短期国际资本流动及通货膨胀》,载《投资研究》2013 年第 3 期。

［41］Dibooğlu S. , Real Disturbances, Relative Prices and Purchasing Power Parity. *Journal of Macroeconomics*, Vol. 18, No. 1, 1997, pp. 69 – 87.

［42］Chen S. S. , Chen H. C. , Oil Prices and Real Exchange Rates. *Energy Economics*, Vol. 29, No. 3, 2007, pp. 390 – 404.

［43］Lizardo R. A. , Mollick A. V. , Oil Price Fluctuations and US Dollar Exchange Rates. *Energy Economics*, Vol. 32, No. 2, 2010, pp. 399 – 408.

［44］张庆君:《国际原油价格波动对人民币汇率的冲击效应研究》,载《国际贸易问题》2011 年第 9 期。

［45］谭小芬:《美联储量化宽松货币政策的退出及其对中国的影响》,载《国际金融研究》2010 年第 2 期。

［46］赵硕刚:《美联储逐步退出量化宽松政策对我国的影响及对策》,载《宏观经济管理》2014 年第 4 期。

［47］李自磊、张云:《美国量化宽松政策对金砖四国溢出效应的比较研究——基于 SVAR 模型的跨国分析》,载《财经科学》2014 年第 4 期。

［48］Bachman D. , The Effect of Political Risk on the Forward Exchange Bias: the Case of Elections. *Journal of International Money and Finance*, Vol. 11, No. 2, 1992, pp. 208 – 219.

［49］Frieden J. A. , Exchange Rate Politics: Contemporary Lessons from American History. *Review of International Political Economy*, Vol. 1, No. 1, 1994, pp. 81 – 103.

［50］Lobo B. J. , Tufte D. , Exchange Rate Volatility: Does Politics

Matter? *Journal of Macroeconomics*, Vol. 20, No. 2, 1998, pp. 351 – 365.

［51］张宇燕、张静春：《汇率的政治经济学——基于中美关于人民币汇率争论的研究》，载《当代亚太》2005 年第 9 期。

［52］何兴强：《美国利益集团与人民币升值压力》，载《当代亚太》2006 年第 3 期。

［53］周叶菁：《利益集团与美国的国际货币政策——以人民币汇率问题为例》，载《国际论坛》2009 年第 1 期。

［54］Liu L. G., Pauwels L. L., Do External Political Pressures Affect the Renminbi Exchange Rate? *Journal of International Money and Finance*, Vol. 31, No. 6, 2012, pp. 1800 – 1818.

［55］刘涛、周继忠：《外部压力是否推动了人民币升值? ——基于 2005 ~2010 年美国施压事件效果的考察》，载《金融研究》2011 年第 11 期。

［56］何慧刚：《资本项目自由化，汇率制度弹性化与人民币国际化》，载《南京社会科学》2007 年第 5 期。

［57］王爱俭：《人民币国际化政策考量与理念创新》，载《现代财经》2013 年第 9 期。

［58］李向阳、丁剑平：《人民币国际化：基于资本项目开放视角》，载《世界经济研究》2014 年第 5 期。

［59］Frankel J., Internationalization of the RMB and Historical Precedents. *Journal of Economic Integration*, Vol. 27, No. 3, 2012, pp. 329 –365.

［60］金中夏：《中国汇率，利率和国际收支的互动关系：1981 ~ 1999》，载《世界经济》2000 年第 9 期。

［61］左相国、唐彬文：《人民币汇率影响因素的实证考量》，载《统计与决策》2008 年第 20 期。

［62］郭路：《中国国际收支余额变化与宏观经济研究》，载《国际金融研究》2012 年第 2 期。

［63］Frankel J. A., Froot K. A., Chartists, Fundamentalists and Trading in the Foreign Exchange Market, *The American Economic Review*, Vol. 80, No. 2, 1990, pp. 181 –185.

［64］Allen H., Taylor M. P., Charts, Noise and Fundamentals in the London Foreign Exchange Market, *The Economic Journal*, Vol. 100, No. 100, 1990, pp. 49 –59.

［65］De Grauwe P., Grimaldi M., Exchange Rate Puzzles: a Tale of Switching Attractors, *European Economic Review*, Vol. 50, No. 1, 2006, pp. 1 – 33.

[66] Manzan S. , Westerhoff F. H. , Heterogeneous Expectations, Exchange Rate Dynamics and Predictability, *Journal of Economic Behavior & Organization*, Vol. 64, No. 1, 2007, pp. 111 – 128.

[67] Krugman P. , Oil Shocks and Exchange Rate Dynamics, *Exchange rates and International Macroeconomics*. Chicago: University of Chicago Press, 1983, pp. 259 – 284.

[68] Chaudhuri K. , Daniel B. C. , Long-run Equilibrium Real Exchange Rates and Oil Prices, *Economics Letters*, Vol. 58, No. 2, 1998, pp. 231 – 238.

[69] Ferraro D. , Rogoff K. S. , Rossi B. , Can Oil Prices Forecast Exchange Rates? *NBER Working Paper*, No. w17998, 2012.

[70] Sosunov K. , Zamulin O. A. , Can Oil Prices Explain the Real Appreciation of the Russian Ruble in 1998 – 2005? *CEFIR/NES Working Paper*, 2006.

[71] Nusair S. A. , Kisswani K. M. , Asian Real Exchange Rates and Oil Prices: a Cointegration Analysis under Structural Breaks. *Bulletin of Economic Research*, Vol. 67, No. S1, 2015, pp. S1 – S25.

[72] Huang Y. , Guo F. , The Role of Oil Price Shocks on China's Real Exchange Rate. *China Economic Review*, Vol. 18, No. 4, 2007, pp. 403 – 416.

[73] 刘涛、金洪飞:《汇率政治经济学研究:一个文献综述》,载《世界经济文汇》2012 年第 1 期。

[74] Frieden J. A. , Invested Interests: the Politics of National Economic Policies in a World of Global Finance. *International Organization*, Vol. 45, No. 4, 1991, pp. 425 – 451.

[75] Frieden J. A. , Exchange Rate Politics: Contemporary Lessons from American History. *Review of International Political Economy*, Vol. 1, No. 1, 1994, pp. 81 – 103.

[76] Bearce D. H. , Hallerberg M. , Democracy and De Facto Exchange Rate Regimes. *Economics & Politics*, Vol. 23, No. 2, 2011, pp. 172 – 194.

[77] Berdiev A. N. , Kim Y. , Chang C. P. , The Political Economy of Exchange Rate Regimes in Developed and Developing Countries. *European Journal of Political Economy*, Vol. 28, No. 1, 2012, pp. 38 – 53.

[78] 李欣:《中国外交三级决策框架:利益集团的视角》,载《湖北

大学学报：哲学社会科学版》2012 年第 6 期。

[79] 王孝松、谢申祥：《中国出口退税政策的决策和形成机制——基于产品层面的政治经济学分析》，载《经济研究》2010 年第 10 期。

[80] 魏巍贤：《人民币升值的宏观经济影响评价》，载《经济研究》2006 年第 4 期。

[81] 李永宁、任强：《汇率波动牵扯产业发展：由制造业和服务业生发》，载《改革》2010 年第 4 期。

[82] 冯晓华、张玉英：《人民币汇率波动的福利效应——基于我国制造业面板数据的实证分析》，载《国际贸易问题》2009 年第 9 期。

[83] 刘沁清、邵挺：《人民币汇率变动对我国制造业的影响——基于投入产出表的分析和测算》，载《上海经济研究》2011 年第 8 期。

[84] 戴觅、徐建炜、施炳展：《人民币汇率冲击与制造业就业——来自企业数据的经验证据》，载《管理世界》2013 年第 11 期。

[85] 刘涛：《汇率偏好，游说竞争及中国主要产业部门的汇率政策影响力评估》，载《金融研究》2013 年第 2 期。

[86] 徐建国：《人民币贬值与服务业停滞》，载《世界经济》2011 年第 3 期。

[87] Worrell D. , Marshall D. , Smith N. , *The Political Economy of Exchange Rate Policy in the Caribbean.* Washington, D. C. : Inter – American Development Bank, 2000.

[88] Blomberg S. B. , Frieden J. , Stein E. , Sustaining Fixed Rates: the Political Economy of Currency Pegs in Latin America. *Journal of Applied Economics*, Vol. 8, No. 2, 2005, pp. 203 – 225.

[89] Frieden J. , Ghezzi P. , Stein E. , Politics and Exchange Rates: a Cross-country Approach to Latin America. *Inter – American Development Bank*, *Research Department*, No. 3119, 2000.

[90] Broz J. L. , Political System Transparency and Monetary Commitment Regimes. *International Organization*, Vol. 56, No. 4, 2002, pp. 861 – 887.

[91] Méon P. G. , Rizzo J. M. , The Viability of Fixed Exchange Rate Commitments: Does Politics Matter? A Theoretical and Empirical Investigation. *Open economies review*, Vol. 13, No. 2, 2002, pp. 111 – 132.

[92] Alesina A. , Macroeconomic Policy in a Two – Party System as a Repeated Game. *The Quarterly Journal of Economics*, Vol. 102, No. 3, 1987, pp.

651 – 678.

［93］Fudenberg D. , Tirole J. , Game Theory. *MIT Press Books*, Vol. 1, No. 7, 1991, pp. 841 – 846.

［94］Harsanyi J. C. , Games with Incomplete Information Played by "Bayesian" Players, Part I – III. Part I. The Basic Model. *Management Science*, Vol. 14, No. 3, 1967, pp. 159 – 182.

［95］李寿祺:《利益集团参政——美国利益集团与政府的关系》, 载《美国研究》1989 年第 4 期。

［96］［美］丹尼·罗德里克:《全球化的悖论》, 廖丽华译, 中国人民大学出版社 2011 年版。

［97］吕剑:《人民币汇率变动对国内物价传递效应的实证分析》, 载《国际金融研究》2007 年第 8 期。

［98］项后军、许磊:《汇率传递与通货膨胀之间的关系存在中国的"本土特征"吗?》, 载《金融研究》2011 年第 11 期。

［99］徐新华、俞开江、卢抒音:《通胀剪刀差的汇率调节策略研究》, 载《经济学动态》2014 年第 11 期。

［100］李晓峰、陈华:《交易者预期异质性, 央行干预效力与人民币汇率变动——汇改后人民币汇率的形成机理研究》, 载《金融研究》2010 年第 8 期。

［101］曾宪久、胡定核、黄道平:《中国金融国际化问题初探》, 载《财经科学》1988 年第 10 期。

［102］胡定核:《货币国际化与经济开放的相互关系及其系统动力学模型》,《数量经济技术经济研究》1995 年第 4 期。

［103］郑木清:《论人民币国际化的道路》, 载《复旦学报:社会科学版》1995 年第 2 期。

［104］姜凌:《人民币国际化理论与实践的若干问题》, 载《世界经济》1997 年第 4 期。

［105］巴曙松:《人民币国际化从哪里切入》, 载《金融经济》2003 年第 8 期。

［106］赵海宽:《人民币可能发展成为世界货币之一》, 载《经济研究》2003 年第 3 期。

［107］李稻葵、刘霖林:《人民币国际化:计量研究及政策分析》, 载《金融研究》2008 年第 11 期。

［108］王元龙：《关于人民币国际化的若干问题研究》，载《财贸经济》2009 年第 7 期。

［109］蒙震、李金金、曾圣钧：《国际货币规律探索视角下的人民币国际化研究》，载《国际金融研究》2013 年第 10 期。

［110］李建军、甄峰、崔西强：《人民币国际化发展现状，程度测度及展望评估》，载《国际金融研究》2013 年第 10 期。

［111］马静、冼国明：《外贸发展推动下的人民币国际化》，载《南开学报（哲学社会科学版)》2014 年第 2 期。

［112］成思危：《人民币国际化之路》，载《中国经济周刊》2014 年第 13 期。

［113］Maziad S. , Farahmand P. , Wang S. , et al. Internationalization of Emerging Market Currencies: A Balance Between Risks and Rewards. *International Monetary Fund, Strategy, Policy, and Review Department and Monetary and Capital Markets Department*, 2011.

［114］沙文兵、刘红忠：《人民币国际化，汇率变动与汇率预期》，载《国际金融研究》2014 年第 8 期。

［115］Lo C. , The Myth of the Internationalization of the Chinese Yuan Beijing's real behind-the-scenes agenda. *The International Economy*, Vol. 24, No. 4, 2010, pp. 30 - 33.

［116］李晓峰、陈华：《人民币即期汇率市场与境外衍生市场之间的信息流动关系研究》，载《金融研究》2008 年第 5 期。

［117］Banerjee A. , Lumsdaine R. L. , Stock J. H. , Recursive and Sequential Tests of the Unit - Root and Trend-break Hypotheses: Theory and International Evidence. *Journal of Business & Economic Statistics*, Vol. 10, No. 3, 1992, pp. 271 - 287.

［118］王晓燕、雷钦礼、李美洲：《货币国际化对国内宏观经济的影响》，载《统计研究》2012 年第 5 期。

［119］Levine R. , International Financial Liberalization and Economic Growth. *Review of International Economics*, Vol. 9, No. 4, 2001, pp. 688 - 702.

［120］Akram G. M. , Byrne J. P. , Foreign Exchange Market Pressure and Capital Controls. *Journal of International Financial Markets, Institutions and Money*, Vol. 37, No. C, 2015, pp. 42 - 53.

［121］ Krugman P. A Model of Balance-of-payments Crises. *Journal of Money, Credit and Banking*, Vol. 11, No. 11, 1979, pp. 311 – 325.

［122］ Miniane J. , Rogers J. H. , Capital Controls and the international transmission of US Money Shocks. *Journal of Money, Credit and Banking*, Vol. 39, No. 5, 2007, pp. 1003 – 1035.

［123］ Erten B. , Ocampo J. A. , Capital Account Regulations, Foreign Exchange Pressures, and Crisis Resilience. *Initiative for Policy Dialogue Working Paper. Columbia University*, 2013.

［124］ Rodrik D. , The Real Exchange Rate and Economic Growth: Theory and Evidence, *Institute for International Economics*, Vol. 8, No. 2, 2007.

［125］ Edison H. , Reinhart C. M. , Stopping Hot Money. *Journal of Development Economics*, Vol. 66, No. 2, 2001, pp. 533 – 553.

［126］ Epstein G. A. , Schor J. B. , *Structural Determinants and Economic Effects of Capital Controls in the OECD*, Cambridge: Harvard Institute of Economic Research, 1989.

［127］ Alesina A. , Grilli V. , Milesi – Ferrett G. M. , The Political Economy of Capital Controls. *NBER Working Paper*, No. 4353, 1993.

［128］ Klein M. W. , The Variety of Experience of the Effect of Capital Account Openness on Growth. *NBER Working Paper*, No. 9500, 2003.

［129］ Mody A. , Abiad A. , Financial Reform: What Shakes it? What Shapes it? *The American Economic Review*, Vol. 66, No. 2, 2005.

［130］ Chinn M. D. , Ito H. A. , New Measure of Financial Openness. *Journal of Comparative Policy Analysis*, Vol. 10, No. 3, 2008, pp. 309 – 322.

［131］ Lane P. R. , Milesi – Ferretti G. M. , The External Wealth of Nations Mark II: Revised and Extended Estimates of Foreign Assets and Liabilities, 1970 – 2004. *Journal of international Economics*, Vol. 73, No. 2, 2007, pp. 223 – 250.

［132］ Quinn D. , Schindler M. , Toyoda A. M. , Assessing Measures of Financial Openness and Integration. *IMF Economic Review*, Vol. 59, No. 3, 2011, pp. 488 – 522.

［133］ Ma G. , McCauley R. N. , Financial Openness of China and India: Implications for Capital Account Liberalisation. *Bruegel Working Paper*, 2014.

［134］ 李巍、张志超:《汇率弹性，外汇储备对消费需求和国内信贷

的影响——基于资本账户开放的视角》，载《金融评论》2010 第 5 期。

[135] Quinn D. P. , Jacobson R. , Industrial Policy through the Restriction of Capital Flows: A Test of Several Claims Made about Industrial Policy. *American Journal of Political Science*, Vol. 33, No. 3, 1989, pp. 700 - 736.

[136] Dooley M. P. , Mathieson D. J. , Rojas - Suarez L. , Capital Mobility and Exchange Market Intervention in Developing Countries. *NBER working paper*, No. 6247, 1997.

[137] Levy Yeyati E. , Schmukler S. L. , Van Horen N. , International Financial Integration through the Law of One Price: The Role of Liquidity and Capital Controls. *Journal of Financial Intermediation*, Vol. 18, No. 3, 2009, pp. 432 - 463.

[138] Whalley J. , Chen H. , Are Offshore RMB Arrangements the Basis for a Long-term Exchange Rate System without Convertibility? *China & World Economy*, Vol. 21, No. 1, 2013, pp. 26 - 46.

[139] Yao D. , Whalley J. , An Evaluation of the Impact of the China (Shanghai) Pilot Free Trade Zone (SPFTZ). *NBER Working Paper*, No. 20901, 2015.

[140] 詹旭：《开放环境下央行外汇市场干预行为分析》，中共中央党校博士学位论文，2014。

[141] 曹凤岐：《人民币汇率形成机制研究》，载《金融研究》2005 年第 1 期。

[142] Greenwood J. , *Hong Kong's Link to the US Dollar: Origins and Evolution.* Hong Kong: Hong Kong University Press, 2007.

[143] Genberg H. , Hui C. H. , The Credibility of Hong Kong's Link from the Perspective of Modern Financial Theory. *Journal of Money, Credit and Banking*, Vol. 43, No. 1, 2011, pp. 185 - 206.

[144] Ryoo S. , Kwon T. , Lee H. , Foreign Exchange Market Developments and Intervention in Korea. *BIS Paper*, Vol. 73, 2013, pp. 205 - 213.

[145] Beine M. , Janssen G. , Lecourt C. , Should Central Bankers Talk to the Foreign Exchange Markets? . *Journal of International Money and Finance*, Vol. 28, No. 5, 2009, pp. 776 - 803.

[146] Sakata S. , Takeda F. , Effects of Oral Intervention on Fluctuations in Exchange Rates: Evidence from Japan 1995 - 2011. *Journal of Reviews on*

Global Economics, Vol. 2, 2013, pp. 60 – 78.

[147] Mussa M. , The Role of Official Intervention. New York: Group of Thirty, 1981.

[148] Reeves S. F. , Exchange Rate Management When Sterilized Interventions Represent Signals of Monetary Policy. *International Review of Economics & Finance*, Vol. 6, No. 4, 1997, pp. 339 – 360.

[149] Chen Y. F. , Funke M. , Glanemann N. , The Signalling Channel of Central Bank Interventions: Modelling the Yen/US Dollar Exchange Rate. *Open Economies Review*, Vol. 25, No. 2, 2014, pp. 311 – 336.

[150] Lecourt C. , Raymond H. , Central Bank Interventions in Industrialized Countries: A Characterization Based on Survey Results. *International Journal of Finance & Economics*, Vol. 11, No. 2, 2006, pp. 123 – 138.

[151] Lyons R. K. , *The Microstructure Approach to Exchange Rates.* Cambridge, MA: MIT Press, 2001.

[152] Hung J. H. , Intervention Strategies and Exchange Rate Volatility: A Noise Trading Perspective. *Journal of International Money and Finance*, Vol. 16, No. 5, 1997, pp. 779 – 793.

[153] Ibrahim F. , Abderrazek B. M. , The Effectiveness of Central Bank Intervention through the Noise Trading Channel: Evidence from the Reserve Bank of Australia. *Journal of Economic and Financial Modelling*, Vol. 1, No. 2, 2013, pp. 31 – 35.

[154] Beine M. , De Grauwe P. , Grimaldi M. , The Impact of FX Central Bank Intervention in A Noise Trading Framework. *Journal of Banking & Finance*, Vol. 33, No. 7, 2009, pp. 1187 – 1195.

[155] Fatum R. , On the Effectiveness of Sterilized Foreign Exchange Intervention. *European Central Bank Working Papers*, No. 0010, 2000.

[156] Ghosh A. R. , Ostry J. D. , Chamon M. , Two Targets, Two Instruments: Monetary and Exchange Rate Policies in Emerging Market Economies. *Journal of International Money and Finance*, Vol. 60, No. C, 2016, pp. 172 – 196.

后　记

　　这本专著是在我博士论文的工作基础上修改完善而成的。2016 年春夏之交，我的博士论文顺利通过严格的答辩审核，这也为我博士求学阶段画上了一个圆满的句号。来中央财经大学工作伊始，专著获得了中央财经大学的资助，欣喜之余，感谢工作单位对我的研究成果的肯定与支持，也感谢经济科学出版社和王娟编辑在整个书稿定稿过程中的细心付出和建议，正是在你们的大力帮助之下，这本书稿才得以顺利出版。

　　我出生在美丽的海滨城市山东青岛，本科阶段怀着对远方的好奇和对大海的眷恋选择了另一座海滨城市——厦门。从本科到博士，我在厦门大学度过了九年的美好时光，期间学习、成长、收获爱情。毕业之时，我从凤凰花开的季节离开厦门，在枫叶飘红的季节来到北京，来到了中央财经大学。两千公里的旅程中，我对过去有着太多的感激，又对未来充满了无限的憧憬。

　　首先我要感谢我的导师朱孟楠教授。最早听朱老师讲授外汇与汇率问题时，我才刚刚踏入大学校园，尽管当时没有接触多少金融知识，但却被他生动、幽默、深入浅出的讲课所深深吸引着，心中萌发了对国际金融问题喜爱的绿芽。读研之后，又是朱老师将我领进了学术和科研之门，引领我成长与进步，我也随后选择了硕博连读，以博士研究生特等奖学金获得者的身份继续攻博。朱老师不仅带领我参加各项课题和国内外学术研讨和调研，鼓励我学术上不断进步，还帮助我实现出国深造的夙愿，并且在生活上不断地给予我关怀和帮助。每当我在科研上有了新的想法或是疑惑，朱老师总能够给我肯定、鼓励和建议，是朱老师的耐心、细心和关心，让我在潜心学习、写作和不断实践的过程中得以成长和进步。谢谢您，朱老师，没有您的教导，就没有学生走到今天的每一个脚印。

　　同时，我也要感谢厦门大学金融系给我指导的所有老师，他们在我本硕博各个阶段无私地授予我知识、开拓我视野、启发我思维，让我不知不觉地从经济学的门外汉逐渐入门，领略到这一领域的神奇与美妙。在这里我不仅深入学习了金融学专业的知识，还在与老师们的交流过程中对国际贸易、国际经济等其他经济学领域产生了浓厚的兴趣，收获了经济学的思维方式和研究方法。与老师们共同相伴的九年是我一生中华彩的九年，更是我一生都取之不尽的财富。

感谢我的父母，他们含辛茹苦地将我抚养长大，给予了我无私以及无限的关爱；父母的善良与勤奋深深地影响着我，他们时时刻刻的关心以及对我倾注的爱支持着我一路走到现在。他们总是鼓励我去追求我想要的生活，而我只愿常伴他们身边，让我的努力使父母幸福安康。成长路上，不管遇到什么困难与疑惑，他们总能给我最温暖、最坚实的支持，使我有更多的时间用于研究、学习和工作。每当我取得了一点一滴的成就，他们都仿佛比自己获得了成功还要高兴与自豪。毕业的一刻，我知道距离终将不再成为我和父母之间的阻隔，南飞的女儿终于回巢，再也不会离开。我爱你们，我最亲爱的父亲母亲！

感谢我的爱人王宇光。读博虽然辛苦，但我却从未感觉孤单。在我们一起读博、共同奋斗的过程中，我们总是能够在热烈地讨论问题中擦出火花、在遇到困难时相互扶持、在追逐梦想的道路上共同进步。是我的爱人在我想要退缩时鼓励我，在我松懈时提醒我，在我遇到困难时帮助我，在我成功时与我分享喜悦。毕业并不代表别离，而是新的开始。离开校园，我们在品味与怀念过去种种美好的同时，也在一座新的城市共同开启了新的生活。在未来新的人生旅途中，有幸继续并肩前进，怀着满满的希望一起前行。

赵　茜

2017 年 10 月于中央财经大学